马拉松运动研究

石磊 著

天津出版传媒集团

天津科学技术出版社

图书在版编目（CIP）数据

马拉松运动研究 / 石磊著. -- 天津 : 天津科学技术出版社，2023.2
 ISBN 978-7-5742-0706-6

Ⅰ．①马… Ⅱ．①石… Ⅲ．①马拉松跑—研究 Ⅳ．①G822.8

中国版本图书馆CIP数据核字(2022)第236038号

马拉松运动研究
MALASONG YUNDONG YANJIU

责任编辑：关 长

出　　版：	天津出版传媒集团
	天津科学技术出版社
地　　址：	天津市西康路35号
邮　　编：	300051
电　　话：	(022) 23332377
网　　址：	www.tjkjcbs.com.cn
发　　行：	新华书店经销
印　　刷：	天津印艺通制版印刷股份有限公司

开本 787×1092 1/16 印张 11 字数 160 000
2023年2月第1版第1次印刷
定价：48.00元

作者介绍

石磊,天津师范大学体育科学学院副教授,硕士研究生导师,田径国家级裁判,天津市"学科领航教师培养工程"指导专家。长期从事田径运动教学与训练、体育赛事管理、学校体育等方面的研究。在《中国体育科技》《体育文化导刊》《南京师大学报》等学术期刊发表论文10余篇;主持完成教育部人文社会科学青年基金项目和天津市体育局社科项目两项课题。

2011年至今参加了北京世界田径锦标赛、全国运动会、全国田径锦标赛、全国田径冠军赛、北京鸟巢半程马拉松、泰山国际马拉松等数十项大型田径赛事的裁判工作。

前　言

马拉松是一个既"古老"而又"时尚"的名词，"古老"是因为马拉松运动是由现代奥林匹克运动之父顾拜旦发起，为了纪念公元前490年希波战争中用长跑为古希腊传递信息而牺牲的士兵。同时，马拉松运动也是现代奥林匹克运动会中设置最早的比赛项目。"时尚"是因为马拉松运动已成为风靡全球的群众型体育赛事，选手在跑步中挑战自我，在跑步中强健体魄，在跑步中释放天性，跑步已然成为广大民众的一种生活方式和积极向上的生活态度。

我接触马拉松运动比较晚，初次了解马拉松运动是因被选派参加2012年天津（武清）国际马拉松比赛的裁判工作，当时对马拉松运动知之甚少，仅仅停留在竞赛规则的层面，执裁过程中也是战战兢兢，生怕出现工作失误。因为此次裁判工作的经历，我越来越关注马拉松运动，有意无意地总会浏览一些关于马拉松赛事的网页，感觉媒体上关于马拉松比赛的新闻越来越多，各地城市马拉松比赛的盛况、选手顽强拼搏的精神、马拉松运动对城市的影响等新闻屡见不鲜，当然其中也不乏一些关于"马拉松"运动的负面新闻，"尿红墙""猝死""替跑""抄近道""组织混乱"等关键词也屡屡登上报端，给赛事举办方带来了一定的负面影响，而这些看似不相关的新闻热点，恰恰都指向了赛事组织管理的规范性。因为我国马拉松运动尚处在发展的初级阶段，相关的管理制度和专业人才的匮乏是导致一系列负面事件产生的重要原因，如何来规避风险事件的发生，减少风险带来的损失，成为我国马拉松运动健康有序发展的最大挑战。而这也使我萌生了做一些关于马拉松赛事管理相关研究的想法,"梦想一旦被付诸行动,就会变得神圣",之后的数年里,研究马拉松运动便成为了我生活的全部,"读万卷书,行万里路",查阅文献资料、走访专家、实地调研、执裁比赛使我对马拉松运动有了更全面的认识,期间见证了中国马拉松运动的"井喷"式发展,也经历了疫情期间马拉松赛事行业的煎熬。

转眼间七年的时间过去了,我先后在学术期刊上发表了一系列关于马拉松运动的论文,研究内容也从最初的马拉松赛事组织管理,逐步拓展到我国城市马拉松运动发展、校园马拉松运动组织、马拉松竞赛与训练等多个与马拉松运动相关的研究领域,部分论文也得到了业界的认可,欣喜之余,遂有将这些论文汇集成册的愿望,期望拙作能为我国马拉松运动的健康、有序的发展尽一份微薄之力,也希望在经历了"疫情"和"白银事件"之后,我国马拉松运动能够再次振翅高飞,更好地推动"健康中国"和"体育强国"建设。

本书从前期调研、成稿到出版得到了各方的帮助,赵朴老师、王锋老师、肖明老师在本书的撰写过程中提供了宝贵的建议,爱徒师小康对马拉松训练数据进行了收集与整理,在此表示衷心的感谢!本书的出版得到了教育部人文社会科学基金的资助,在此表示感谢!

石磊

2022 年 10 月

目　　录

城市马拉松运动发展篇 （1）
我国城市马拉松十年发展回顾与展望 （3）
基于 SWOT 分析法的天津马拉松赛事发展策略研究 （33）

城市马拉松赛事组织管理篇 （43）
马拉松赛事竞赛组织风险与评估研究 （45）
我国大型马拉松赛事风险评估指标体系的构建 （58）
基于事故树分析法的我国马拉松大众选手猝死风险研究 （77）
马拉松赛事安全风险识别、评估与应对 （88）
小型路跑赛事计时计圈软件的设计与应用 （104）

校园马拉松赛事组织与发展篇 （113）
马拉松竞赛组织模式对发展大学校园长跑的启示 （115）
城市马拉松热潮下大学校园长跑的困境与出路 （119）

马拉松运动训练与竞赛篇 （129）
优秀运动员黄鑫备战 2020 年南京马拉松赛前训练负荷与调控的研究 （131）

马拉松运动研究与发展篇 （147）
我国马拉松运动研究现状与未来趋势 （149）

城市马拉松运动发展篇

城市马拉松运动发展篇

我国城市马拉松十年发展回顾与展望

1981年是我国的马拉松元年,北京、上海、天津三大直辖市相继举行了马拉松,之后三十年虽陆续有城市举办马拉松,但不论赛事数量、参赛规模、运作模式、社会效应等均未有太大影响。直到2011年,我国城市马拉松运动开始加快发展脚步,各类赛事遍布大江南北,不论是赛事数量还是参赛人数都成几何式的增长,"井喷"成为媒体形容我国马拉松赛事发展态势常用的形容词,从最初的小众运动发展到全民参与,马拉松运动已成为一种时尚深入百姓生活。为此,本文通过对我国马拉松赛事快速发展的多维因素进行全面分析,回顾近十年我国城市马拉松运动的发展历程,剖析发展中所存在的问题与不足,为我国马拉松赛事健康、有序的发展提供有益的借鉴与参考。

一、我国城市马拉松运动快速发展的多维动因

近年来随着我国马拉松运动的快速发展,学术界对马拉松运动的研究也达到了一个高峰,仅2018年与马拉松运动相关的文献就达到了一千余篇,其中很多文章都对我国马拉松赛事快速发展的原因进行了深入的分析,虽然视角各有不同,但总体上观点都趋于一致。在总结前人研究的基础上,本文从政策支持、经济发展、城市需求、大众需求四个方面对我国马拉松运动的快速发展原因进行全面、系统的分析。

(一)经济发展

西方学者普遍研究认为,马拉松赛事是社会经济发展的"晴雨表",当人均GDP高于3500美元时,观赏式娱乐会逐渐兴起,将带动电影产业发展,2008年我国电影票房大幅创新高,突破了43亿,验证了此规律。

而超过5000美元时人们会开始关注健康问题,就会出现在欧美曾经普遍发生并影响至今的"马拉松周期",这一现象显然已在我国发生。2011年我国人均GDP首次突破了5000美元,但当时我国城市马拉松运动还处于萌芽阶段,当年全国仅举办了18场马拉松赛事,办赛模式依然是以政府办赛为主,大众的参赛热情还未被点燃,全程马拉松参赛选手还多以专业选手为主。之后数年间我国经济继续呈现快速发展,人均收入持续增长,2019年我国人均GDP首次超过1万美元,同年我国的马拉松赛事也创历史地达到了1800余场,可见马拉松赛事的快速发展与经济的增长的相关性。对于这一现象我们可以从两个方面来分析,一是随着我国经济快速发展和政府财政收入的不断提高,政府势必会不断地加大对教育、文化、体育、医疗、卫生等社会公共服务的投入,这是世界各国的共同经验和普遍做法。因此,当前我国的马拉松热潮正是我国社会经济高度发展的重要体现,政府通过举办马拉松赛事来推动全民健身、丰富市民文化生活,也是对于新时代满足人民日益增长的美好生活需要和高水平全面建成小康社会的重要体现。二是在我国经济持续高速发展的大背景下,广大民众生活水平也逐步提高,可支配的经济收入和自由支配的闲暇时间也逐渐增多,消费结构不断趋于多元化,民众有经济实力承担跑步装备、报名费,甚至是跨地区参赛的交通、住宿、餐饮等方面的费用,这也从侧面体现了我国经济的发展及民众生活水平的提高。因此,综合以上两个方面的分析可知,经济社会发展水平提升和消费结构的变化是促进我国马拉松赛事发展的核心因素。

(二)政策支撑

2014年10月,国务院印发了《关于加快发展体育产业促进体育消费的若干意见》,意见中明确指出:加快政府职能转变,进一步简政放权,减少微观事务管理;取消商业性和群众性体育赛事活动审批,加快全国综合性和单项体育赛事管理制度改革,公开赛事举办目录,通过市场机制积极引入社会资本承办赛事。在此背景下,中国田协创新管理模式,放宽赛事准入条件，全面取消了对马拉松赛事的审批，鼓励并动员社会各界力量共同推进中国马拉松的发展，吸引更多的民间赛事加入到马拉松大家庭中来。审批权的下放，意味着办赛更加地便捷，只要地方政府许可并配套相应的公共资源即可举办马拉松赛事，一时间赛事运营公司如同雨后春笋般出现，很多主营业务非体育赛事的企业看准了商机，将大量的资本投向了体育产业，致使2015年我国马拉松赛事首次出现了成倍的增长，由2014年的51场增加为2015年134场，可见政策的支持是我国马拉松运动快速发展的助推器与加速器。

（三）城市需求

在经济全球化与城市化的背景下，城市间的竞争关系业已形成且日趋激烈，城市的管理者越来越关注如何不断地提升城市的品牌形象和知名度，从而更好地吸引人才、争取投资、贸易和旅游等外部资源，实现城市的可持续发展。为此，越来越多的地方政府将城市体育营销作为全球化战略的重要工具来提高城市的竞争力，而在众多体育赛事中马拉松凭借着独特的营销优势倍受城市的青睐，成为各级各类城市争相承办的赛事，其原因有几个方面：首先，马拉松比赛以城市的公路为赛道，举办城市不需要再斥资兴建体育场馆，相对于其他大型体育赛事省去了前期的巨额投入和赛后场馆的维护与管理，大大减少了城市的负担。办赛成本低使得不同等级的城市都有能力去举办马拉松赛事，这也是我国许多三、四线城市举办马拉松赛事的一个重要原因。第二，马拉松不同于在体育场或者体育馆举办的比赛，它是在一座城市举办的流动赛事，参赛者动辄数万人，再加之沿途数以万计的群众夹道观看，对赞助商来说也是宣传企业的绝佳机会，这种在短时间内产生的"集聚效应"使得商家愿意与马拉松赛事合作，来提高产品的美誉度与影响力。第三，现在的一些大型马拉松赛事参赛人数动辄数万，势必会进一步拉动交通、住宿、餐饮、旅游等国民经济支柱产业的消费比例。2014年，厦门马拉松给厦门旅游业带来了高达90亿元的收益。在我国除个别体育项目外，其他体育赛事很难产生这样的经济效益。第五，国际上的一些大型体育赛事，虽然影响力巨大，但赛事举办地的唯一性和流动性，使得赛事对城市的影响力缺乏连续性，而城市马拉松赛则不然，任何城市只要具备条件都可举办，且以年作为周期举办，这种连续性有助于赛事品牌的建设和城市品牌的塑造。第六，在赛道的设计上深度挖掘城市旅游特色资源，使比赛线路贯穿城市的各主要景区，再加上央视航拍、文化学者解说，城市的面貌将全方位地展现在世人面前，马拉松赛事和城市旅游发展结合，既丰富了马拉松赛事的内容和文化内涵，又推动了城市旅游业发展，实现了体育与旅游发展双赢。这也是其他在体育场馆内举行的赛事所无法比拟的。通过以上六个方面可以看出，马拉松赛事对于城市的宣传与营销具有着得天独厚的优势，这也是我国马拉松运动快速发展的又一动因。

(四) 大众需求

随着我国广大民众健身意识的不断增强，对健身休闲活动的热情逐渐高涨，越来越多的民众愿意花钱买健康，愿意参与群体性的健身活动，而在众多体育项目中，跑步是广大群众健身的首选，因为与其他运动项目相比，跑步技术门槛低、健身效果好、简单经济、互动性好、不受场地的限制，适合不同年龄段的人群，从国民体质监测报告中我们可以看到，在所有的体育锻炼人群中，跑步人群规模最大，普通大众均可以参与。作为一项拥有广泛群众参与的竞技项目，马拉松实现了健身和竞技的完美契合。加之马拉松赛事商业化的运营模式，越来越多地融入了时尚元素，越来越吸引年轻人的参与，马拉松已不再是一项竞技体育比赛或大众健身活动，而是一座城市的狂欢，许多大众选手把"跑马"当作一种荣誉，在朋友圈、微博、短视频等网络平台中晒成绩、晒美景、晒感受，形成新的社会生活方式和流行时尚。这恰好印证了马斯洛的需求层次理论，许多大众选手从最初的健康需求开始跑步，希望通过跑步来增强体质，而在跑步的过程中逐步结交了越来越多的跑友，或成为跑团的一员，定期参与跑步活动和比赛，参与跑步则上升为了一种社交需求，而随着自我成绩的提高以及完赛次数的增多，逐渐受到家人、朋友的认可，体验到自己的价值与潜能，进而上升至尊重需求层面，进而不断地突破、不断地挑战新的纪录，跑步则成为了选手自我价值的实现方式。

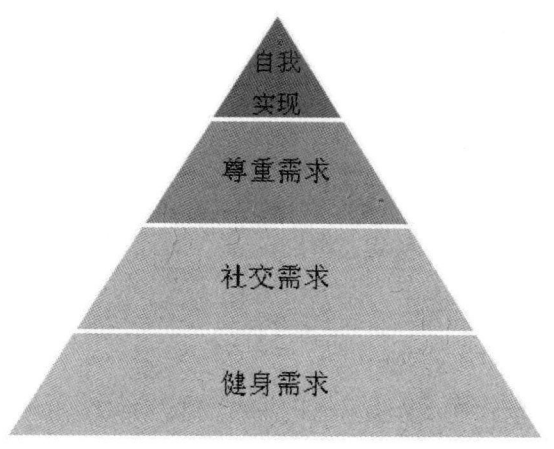

图 1　马拉松选手需求层次理论

二、我国城市马拉松运动发展回顾

在国家"放、管、服"政策的激励下，2015 年我国马拉松历史性地达到了 134 场，之后几年中我国马拉松运动开始持续高速发展，2019 年我国大陆境内举办的马拉松赛事便达到了 1828 场，全国 31 个省区市（不含港澳台地区）均有举办马拉松及路跑相关赛事活动，马拉松赛事成为我国举办最多的高级别的单项体育赛事。全民参与马拉松赛事的热情不断高涨，马拉松运动整体呈现健康、稳定、蓬勃发展的局面。在办赛数量、质量方面均大幅度提升，竞技成绩不断取得较大突破。以马拉松运动为代表的跑步运动及相关产业所扮演的角色越来越重要，成为推动全民健身、发展体育产业、弘扬地方文化、促进产业结构调整和城市升级的新动力。

（一）赛事数量成倍增长，地域分布趋于广泛

2011 年我国大陆境内仅举办了 18 场马拉松赛事，全国仅仅有一半的省市举办了马拉松赛事，分布在全国的 17 个省市，均以直辖市或省会城市为主，平均每个省市不足 1 场马拉松赛事。

2015 年作为我国马拉松运动爆发的元年，各类路跑赛事迅速遍布大江

南北,从马拉松赛事在各省市的分布来看(见图2),大陆境内共有26个省市及自治区举办了马拉松,仅江西、青海、新疆、西藏、宁夏5个省及自治区没有举办,马拉松赛事基本覆盖了全国。其中17个省市2015年举办的马拉松赛事均在2场以上,而浙江和江苏作为我国的经济大省,全年的马拉松赛事则分别达到了10场和12场,占到了全国的11%和13%,为全国之最。从马拉松赛事在我国的地域分布来看,主要分布在我国的华东地区(见图3),达到了34场之多,占到我国全年赛事的38%。华东地区地处我国东南沿海一带,包括上海、江苏、浙江、山东等经济强省,经济文化水平发展较快,经济实力雄厚,再加之江、浙等地的历史人文景观较多,通过举办马拉松赛事不仅满足了大众的健身需求,同时也挖掘了地方的旅游资源,实现了经济文化发展的双赢,这也是华东地区马拉松赛事较多的主要原因。其余各地区马拉松赛事的发展速度相对较慢,华北地区虽也达到了16场赛事,但主要是凭借着北京和河北两省市。从马拉松举办地的城市行政级别来看,除直辖市、副省级城市之外,2015年有44个地级城市举办了马拉松赛事,特别是有9个县级城市举行马拉松赛事,而在2011年,我国马拉松赛事全部在直辖市、副省级城市或省会城市,这也体现了我国马拉松赛事由大中型城市向中小型城市发展的趋势。

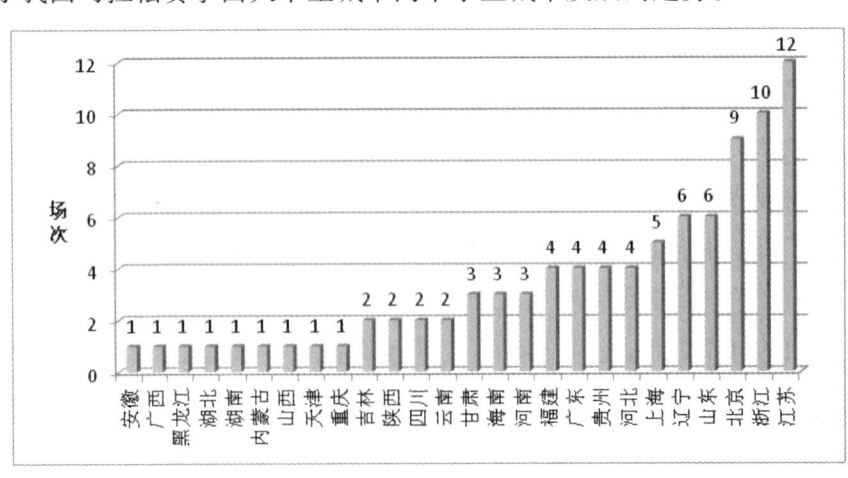

图2 2015年我国各省市举办马拉松赛事统计表

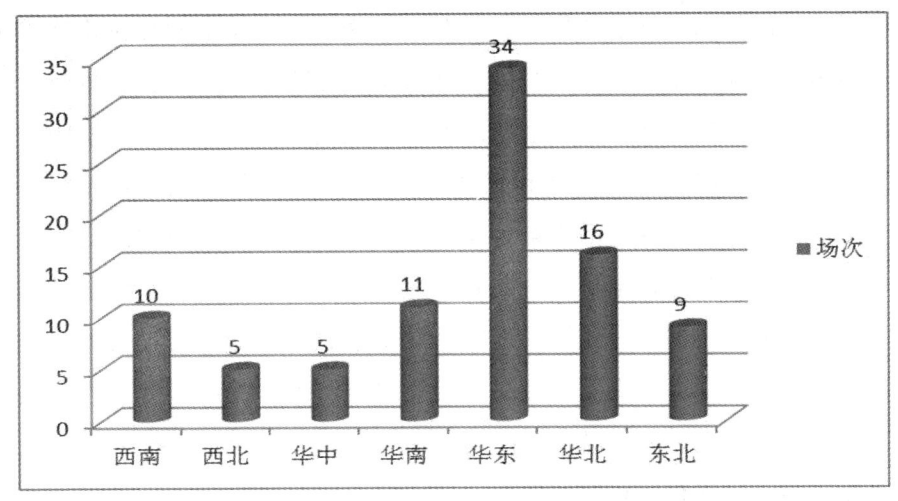

图3 马拉松赛事地域分布统计表

2019年全年我国大陆境内共举办了1828场马拉松及相关运动赛事,赛事分布在全国31个省区市,从表1可知,举办赛事数量排名前三位的依次为:浙江省232场、江苏省185场和北京市117场。在赛事数量排名前十位的省市中,东南沿海省市占到了50%,而从全国整体来看东部地区明显多于中西部地区,而造成这些差异的原因是多方面的,与各省市的经济状况、人口数量、旅游资源等有着直接的关系。

1. 赛事数量与地区经济状况的关系

有学者研究表明,马拉松赛事发展与所在地区社会经济发展有着密切的关系,甚至有学者将马拉松赛事当作地区"社会经济晴雨表",这与前文中提到的随着社会经济的发展而出现的"马拉松周期"有着共同的表述,可见经济越发达、人均收入越高的省市马拉松赛事的数量相对会更多一些(见表1),通过对2019年我国各省市马拉松赛事数量与各省市GDP总量及各省市人均GDP做相关性分析可知,相关系数分别为0.780($P < 0.01$)、0.585($P < 0.01$),属于中度相关,这也再一次印证了区域经济文化的发展速度以及人均的收入水平直接决定了马拉松赛事的开展与普及程度。因为区域经济越发达,文化体育产业就能获得越好的发展环境和发展动力,尤其是目前我国马拉松赛事的运营经费来源比较单一,主要依靠企

业赞助、政府补贴、报名费用等,而对于一些三四线城市的马拉松赛事来说,赛事融资能力不足,企业赞助非常有限,办赛的主要经费则依赖于政府的补贴,因此地方政府的经济状况就直接决定了当地马拉松赛事的发展规模与体量。同时,区域经济越发达,居民的收入相应也会越多,休闲、健身需求必然成为民众生活中最为重要的一部分,广大民众的体育需求和体育消费市场势必会逐渐扩大。此外,地区经济越发达,说明地区的企业较多,且企业的效益相对较好,地方企业也愿意投入一定的经费来赞助马拉松赛事,借助赛事来提高企业品牌的知名度,提升品牌形象,进而提升企业效益,同步也带动了城市的经济发展。因此,马拉松运动开展与地方经济发展两者呈现相辅相成的作用。

表1 2019年我国各省市马拉松赛事数量与各省及人均GDP统计

排序	省市	场次	2019年各省GDP（亿）	2019年人均（美元）
1	浙江	232	62352	15755
2	江苏	185	99631	17939
3	北京	117	35371	23802
4	四川	115	46615	8101
5	广东	112	107671	13756
6	山东	109	71067	10253
7	上海	94	38155	22820
8	河北	79	35104	6374
9	云南	74	23223	6971
10	安徽	62	37114	8508
11	辽宁	54	24909	8283
12	福建	52	42395	15594
13	河南	52	54259	8189
14	湖北	51	45828	11227
15	陕西	51	25793	9675
16	重庆	48	23605	11032

续表

排序	省市	场次	2019年各省GDP（亿）	2019年人均（美元）
17	贵州	47	16769	6752
18	湖南	41	39752	8353
19	甘肃	35	8718	4790
20	山西	33	17026	6639
21	广西	33	21237	6250
22	江西	28	24757	7722
23	新疆	27	13597	7926
24	内蒙古	25	17212	9847
25	吉林	24	11726	6286
26	黑龙江	19	13612	5230
27	海南	9	5308	8237
28	青海	7	2965	7127
29	宁夏	6	3748	7897
30	天津	5	14104	13109
31	西藏	2	1697	7158

2. 赛事数量与地区人口数量关系

各省市人口数量是影响马拉松赛事开展状况的又一指标，在一定的经济基础条件下，地区人口基数越大，乐于参与体育锻炼的人数必然会多，从表2可以明显地看出我国各省市马拉松赛事数量与各省市人口数量有着直接的关系，如广东省、山东省、河南省、四川省、江苏省均为我国的人口大省，与之相对应的2019年赛事数量均排在我国各省的前列，而天津、海南、宁夏、青海、西藏5省市人口数量处在后5位，与之相应的马拉松赛事均为个位数，从马拉松赛事数量与各省市人口数量的关系来看，两者之间存在着正相关，通过相关性分析也印证了这一点，两者的相关性系数为0.690（$P<0.01$），属于中度相关。

表 2 2019 年我国各省市马拉松赛事数量与各省人口数量统计

排序	省市	人口数	场次
1	广东	11346	112
2	山东	10047.24	109
3	河南	9605	52
4	四川	8341	115
5	江苏	8050.7	185
6	河北	7556.3	79
7	湖南	6898.8	41
8	安徽	6323.6	62
9	湖北	5917	51
10	浙江	5737	232
11	广西	4926	33
12	云南	4800.5	74
13	江西	4647.6	28
14	辽宁	4359.3	54
15	福建	3941	52
16	陕西	3864.4	51
17	黑龙江	3773.1	19
18	山西	3718.34	33
19	贵州	3600	47
20	重庆	3101.79	48
21	吉林	2704.06	24
22	甘肃	2637.26	35
23	内蒙古	2534.0	25
24	新疆	2486.76	27
25	上海	2423.78	94
26	北京	2154.2	117
27	天津	1559.6	5
28	海南	934.32	9
29	宁夏	688.11	6
30	青海	603.23	7
31	西藏	337.15	2

3. 赛事数量与地区旅游资源的关系

2016年国家旅游局和国家体育总局共同印发了《关于大力发展体育旅游的指导意见》，提出到2020年，在全国建成100个具有重要影响力的体育旅游目的地，建成100家国家级体育旅游示范基地，推出100项体育旅游精品赛事，打造100条体育旅游精品线路，体育旅游总人数达到10亿人次，占旅游总人数的15%，总消费规模突破1万亿元。在此背景下，马拉松运动俨然已成为推动我国体育旅游的排头兵。近年来，我国各级地方政府借助举办马拉松比赛来进行"城市营销"，推销当地的旅游资源，为城市旅游目的地引流，马拉松+旅游逐渐成为体育产业和旅游产业的新兴交融领域。马拉松+旅游也成为推动地方旅游产业发展的重要推手，各地方政府积极探索地方旅游资源与马拉松运动的深度融合，各类以人文景观、自然生态、历史文化等为主题的马拉松赛事不断涌现，如西安城墙马拉松、扬州鉴真马拉松、安徽泾县油菜花马拉松、衡水湖国际马拉松等赛事。而旅游资源越丰富的城市，地方主政者也越来越注重打造更多的具有地方特色的马拉松赛事，进而来带动地方的餐饮、交通、住宿、观光等消费。2019年，马拉松赛事数量排在前两位的浙江和江苏两省，其旅游资源在国内也是佼佼者，2019年两省的5A级景区分别为17个和24个，景区总量分别高达798个和615个，因此地区旅游资源与当地的马拉松赛事数量有着直接的相关，通过相关性分析也能很好地验证这一点，各省市马拉松赛事数量与当地的5A级景区数量、A级景区数量有着中度的相关，相关系数分别为为0.720（$P<0.01$）和0.560（$P<0.01$）。因此，地方旅游资源的丰富程度是影响马拉松赛事地域分布的一项重要影响因素。

表3 2019年我国各省市马拉松赛事数量与各省景区数量的关系

排序	省市	赛事场次	5A景区数量	景区数量
1	浙江	232	17	798
2	江苏	185	24	615
3	北京	117	8	238

续表

排序	省市	赛事场次	5A景区数量	景区数量
4	四川	115	13	679
5	广东	112	13	414
6	山东	109	11	1229
7	上海	94	3	113
8	河北	79	8	420
9	云南	74	8	343
10	安徽	62	12	605
11	辽宁	54	5	512
12	福建	52	9	375
13	河南	52	17	519
14	湖北	51	12	421
15	陕西	51	11	460
16	重庆	48	8	242
17	贵州	47	6	420
18	湖南	41	9	482
19	甘肃	35	4	115
20	山西	33	8	216
21	广西	33	7	560
22	江西	28	5	471
23	新疆	27	12	440
24	内蒙古	25	4	375
25	吉林	24	6	231
26	黑龙江	19	5	411
27	海南	9	6	62
28	青海	7	3	312
29	宁夏	6	4	96
30	天津	5	2	95
31	西藏	2	4	127

4. 我国各省市马拉松赛事数量与影响因素的回归分析

将"各省GDP""各省人口数""各省景区数"作为自变量,而将"比赛场次"作为因变量进行逐步回归分析,并将相关数据带入SPSSAU进行计算。首先,该模型通过F检验显示,$F = 45.033$,$P = 0.000 < 0.01$,说明该模型有效,且模型的多重共线性检验发现,模型中VIF值小于5,意味着不存在着共线性问题,该模型较好;其次,经过模型自动识别,最终余下"各省GDP"1项自变量在模型中,R方值为0.608,表示"各省GDP"可以解释"比赛场次"的60.8%变化原因,也说明"各省GDP"是影响各省市"比赛场次"的最重要原因;第三,该模型公式为:比赛场次 = 8.906 + 0.002 * 各省GDP;最后,"各省GDP"的回归系数值为0.002($t = 6.711$,$p = 0.000 < 0.01$),意味着"各省GDP"会对"比赛场次"产生显著的正向影响关系。

通过上述分析,我们进一步厘清了区域经济发展是决定本区域马拉松赛事数量的最关键因素,经济是体育运动发展的基础,区域经济越好,人民的生活水平越富足,大众的健康意识便会越来越强,而马拉松是集竞技、健身、休闲于一体的体育运动赛事,适合于社会各个阶层的参与,因此马拉松运动必然会成为社会经济快速发展下的产物,是经济与社会转型的标志。

表4 逐步回归分析结果($n = 31$)

	非标准化系数		标准化系数	t	p	VIF	R^2	调整R^2	F
	B	标准误	Beta						
常数	8.906	9.568	—	0.931	0.360	—	0.608	0.595	$F(1, 29) = 45.033$,$p = 0.000$
各省GDP	0.002	0.000	0.780	6.711	0.000**	1.000			

* $p < 0.05$ ** $p < 0.01$

(二)参赛人数快速增长,跑步人口仍显不足

1981年是我国的马拉松元年,三大直辖市北京、上海、天津于当年分别举办了马拉松赛事,但当时参赛选手仅仅限于专业选手参赛,比赛规模

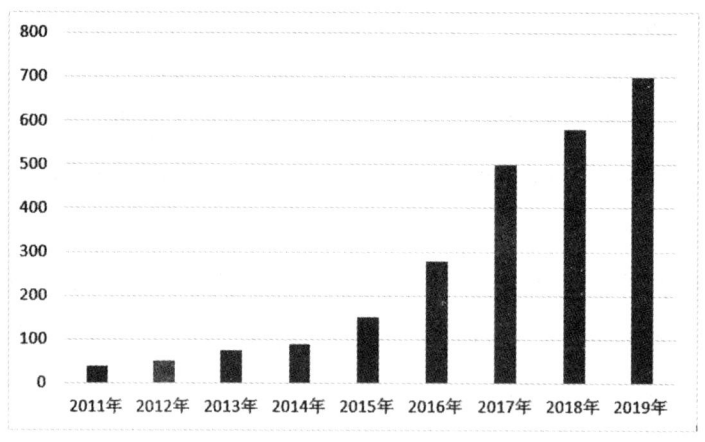

图4 2011—2019年参赛人次（万）

普遍较小，以北京马拉松为例，1981年的参赛人数仅为60多人，之后的十余年中北京马始终始终是以专业选手参赛为主，参赛人数也不过数百人，直到1998年北马向普通大众开放以来，业余选手参赛人数逐步增多，参加马拉松比赛不再是专业选手的专利，真正开启了我国大众马拉松的新时代。特别是伴随着《关于加快发展体育产业促进体育消费的若干意见》的颁布，我国城市马拉松"井喷"式增长的同时，马拉松及相关运动赛事的参赛人数也在快速增长，2011年我国参加马拉松及相关运动赛事的人数近40万人次，次年增加至50万人次，2013年、2014年参赛人数分别达到75万、90万人次，而随着《关于加快发展体育产业促进体育消费的若干意见》的颁布及"取消商业性和群众性体育赛事活动审批"制度的实施，2015年我国马拉松及相关运动赛事场次"井喷式"增加的同时，参赛人数也是屡创新高，达到了150万人次之多，之后几年参赛人数随着赛事数量的增加，参赛人数也在快速攀升，2017年、2018年连续2年持续快速增长，分别达到了500万人次、583万人次，2019年参赛规模为近10年之最，达到了712.56万人次，其中参加全程马拉松规模达到了141.16万人次，半程马拉松达到了77.61万人次，参赛人数不断地刷新纪录，不仅代表着我国马拉松运动的蓬勃发展，更代表了广大民众健身意识的不断提升以及马拉松文化、马拉松精神的深入人心。在欣喜我国马拉松运动参赛人数快速增长之余,我国在参赛和完赛人次方面还与美国、日本等马拉松大国有着较大的差距,美国全程和半程马拉松的完赛人数达到260万人次,日本则达到1000万人次,我国2019年的完赛人次为137万人次,作为世界第一人口大国,我国参与马拉松运动的人数还有很大的发展空间。而相较于马拉松赛事的快速发展,马拉松人口的增长还与之不相匹配,真正能够完成半程或全程马拉松的人数还非常有限,这也是近几年我国的一些中小型马拉松赛事或特色不够鲜明的赛事面临跑者不足窘境的重要原因,赛事的增长速度远远超过了选手增长的速度,在马拉松赛事繁荣的背后,培育马拉松人口是未来我国马拉松运动发展的关键环节。

在城市马拉松运动快速发展的同时,我国一些精品马拉松赛事成为大众追捧的对象,甚至出现了"一跑难求""一签难求"的局面,尤其是北马、厦马、上马等知名赛事的参赛名额供不应求,为避免出现"抢名额""倒卖名额"的情况,有些比赛则采取了预报名与抽签的形式,如2014年北京马拉松在半程比赛预报名人数较多的情况下,首次对半程项目实行"抽签",保证了有意向的选手都能公平地获得参赛机会,之后一些知名的赛事也相继采用了抽签的办法来保证报名的公平性。同时,一些知名赛事为了扩大赛事的影响力,满足大众的参赛需求,也在不断扩大赛事的规模,一时间万人马拉松比比皆是,国内的一些金标赛事参赛规模几乎都在3万人以上(见图5),3万人的赛事规模几乎成为国内顶级赛事的标配。和世界知名马拉松赛事相比较,我国上述马拉松赛事在总参赛人数上并不处于下风,其中柏林马拉松的参赛人数为4万、伦敦马拉松赛为3.6万、纽约马拉松为5万人,但这三项赛事的参赛者均为全程参赛者,而我国仅北马是全程马拉松,但我国其他几项金标赛事全马名额的比例也在逐渐提升,基本处于80%左右,我国如此之大的全马参赛规模,在数年前是难以想象的。而参赛人数的逐渐增多,赛事规模的不断扩容,对城市的治理能力与运营方的组织能力提出了更高的要求,因为赛事规模越大越容易引发风险事故的发生,其主要原因有以下几个方面:一是大型马拉松赛事人流密度大，容易达到活动场地的饱和状态，特别是在数万人同时起跑阶段，赛道人流密度急剧增大，极易发生踩踏等风险事故；二是大型马拉松赛事选手抵离过程相对集中，存在骤聚骤散的特点，容易导致交通的拥堵及人群大面积的滞留，甚至引起骚乱；第三是大型马拉松赛事占用大量的社会公共资源，需要城市的各个管理部门默契配合，其中任何一个环节出现问题，都会影响赛事的顺利进行；第四是大型城市马拉松属于大众参与型赛事，人员成分复杂，选手的随意性较强，由人群自身引起事故的可能性较大；最后，大型马拉松赛事的运营涉及大量人力、物力、财力的投入，各类资源的规划与调配是赛事成功的重要保障，若组织和监管不力，易引发风险。从上述分析可知，参赛人数的增多，势必会增加赛事组织的难度，尤其是在人口较为密集的一线城市，赛事组织更是难上加难。以北京马拉松为例，参赛选手虽为3万人，但参与赛事的相关工作人员、志愿者、医务人员、安保人员、环卫工人、裁判员等人数愈接近参赛选手的人数，其中仅志愿者就达到了7000多人，再加之赛道沿途数十万观众，整个赛事是一个复杂的巨系统，任何一个环节出现纰漏都会影响赛事的正常进行，因此赛事规模的提升不单单是选手数量的增加，更考验着城市管理者的治理能力和赛事的组织运营能力。

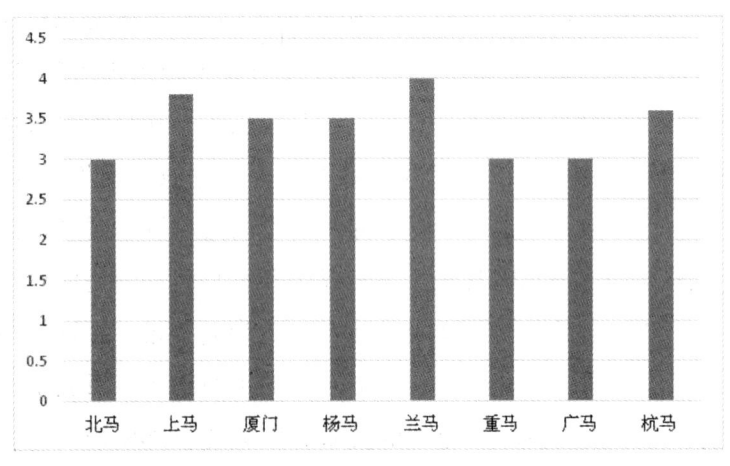

图5　2019年部分金标赛事规模（单位：万人）

（三）办赛水平逐步提升，国际认可度较高

马拉松赛事办赛水平提升的重要标志是得到国际及国内专业协会的认证与评级，包括世界田联（WA）的标牌赛事评级、国际路跑协会（AIMS）的认证、中国田径协会金银铜牌赛事评级等。其中，世界田联标牌赛事评级得到了世界各大赛事的认可，同时也是我国各大赛事追捧的对象。标牌赛事是由国际田联（现为世界田联）于2008年推出的路跑赛事标准评定系统，该系统共分为三个等级：金标赛事、银标赛事和铜标赛事，分全程马拉松、半程马拉松和其他赛事三个类别，每年由国际田联评定一次。直到2018年，国际田联又宣布从2019年起，标牌路跑赛引进"白金标"，赛事等级分为四级，"白金标"为最高级。而想要成为国际田联标牌赛事则必须满足严格的赛事标准，包括精英选手、赛事组织、兴奋剂监测、赛事安全和医疗保障等方面达到标牌赛事的要求与标准，而决定成为白金标或金标赛事的重要因素则还包括参赛的顶级选手数量、媒体宣传及电视转播覆盖率等情况。

表5　2015年国际田联金标赛事数量前5位的国家

国　家	金　标	银　标	铜　标	总　计
英国	5	1	3	9
日本	4	5	1	10
捷克	4	3	0	7
中国	4	1	0	5
美国	3	1	1	5

从2008年国际田联引入标牌制度开始，我国的厦门和北京马拉松便被国际田联评为金标赛事，而当时的全程马拉松金标赛事全世界仅有8项，可见当时我国厦门和北京马拉松的办赛水平之高。而当时我们的邻国日本无一项金标赛事，但在40项银标赛事中占到了10项，也可以看出当时日本马拉松赛事的整体办赛水平较高。之后几年随着世界马拉松运动的快速发展，被评为金标赛事成为国内许多赛事追求的目标。在2015年国

际田联路跑日历中公布的 88 项标牌赛事中，金标赛事多达 42 项，我国有 4 项赛事被评为金标赛事，分别是厦门马拉松、北京马拉松、上海马拉松和扬州半程马拉松，营口马拉松被评为银标赛事，不论是金标赛事的数量还是标牌赛事的总数都处于世界的前列。但和同样拥有 4 项金标赛事的日本相比，我国的标牌赛事总数远不及日本。而同样作为金标赛事，始办于 2007 年的东京马拉松赛凭借着高效的赛事组织和一流的医疗保障体系已跃居为世界第六大马拉松，相反我国的北京马拉松和厦门马拉松虽起步较高，但整体发展速度偏慢。而美国虽然只有 3 项金标赛事，但这三项赛事——波士顿马拉松、纽约马拉松、芝加哥马拉松均为世界顶级赛事。因此，我国马拉松赛事在追求标牌赛事数量的同时，更应着重去打造精品赛事，找准特色，提高赛事服务质量。

2019 年共有 44 个国家和地区举办 136 场世界田联标牌赛事，其中金标赛事 64 场，银标赛事 49 场，铜标赛事 23 场。其中，我国当年共有 24 标牌赛事场（12 场金标赛事，2 场银标赛事，10 场铜标赛事），占 2019 年全世界 136 场世界田联标牌赛事总量的 17.65%，位列所有国家和地区第一位，西班牙和日本位列二三位。2019 年是我国近十年城市马拉松运动发展的顶峰，不论是赛事数量还是标牌赛事数量都达到了一个前所未有的高度。

随着我国马拉松赛事数量和办赛质量的不断提升，国内的越来越多的马拉松赛事为了进一步提升赛事的影响力，从办赛标准上不断向着标牌赛事及六大满贯赛事看齐，积极申请世界田联的标牌赛事乃至大满贯赛，因为赛事等级越高或得到越多的国际组织认可，就越能吸引更多的国内外精英选手及高水平的大众选手参赛，顶级选手越多，竞赛的成绩自然也就越高，同样就会吸引社会更多的关注，赞助商也会进一步加大投入，同时也会吸引更多的赞助商，办赛经费充足了，赛事的办赛层次也会进一步提升，从而形成一个正向的循环，这也是所有追求标牌赛事的一个根本原因。从 2008 年到 2019 年的 12 年间（见图 6），我国标牌赛事数量从 2 场金标赛事（北京马拉松、厦门马拉松赛）增长到 24 场，排名从世界第六上升到第一，特别是自 2017 年开始，我国的标牌赛事数量连续三年保持世界第一，可见我国马拉松赛事对国际田联标牌的热情之高。而成为标牌赛事的关键因素除了按照世界田联标牌赛事的标准进行办赛之外，最关键的因素是需要有巨大的经济支撑，除了提交世界田联相关的认证费用外，邀请精英选手参赛是所有申标赛事中最大的费用支出，因为世界田联对精英选手的参赛制定了严苛的标准，包括精英选手的成绩、排名、地区及精英选手的数量等，以一场铜标赛事为例，邀请 6 名男子和 6 名女子精英选手至少需要上百万人民币，而金标乃至白金标赛事的费用则更大，对于赛事组委会来说是一笔较大的开支。目前对于我国大部分马拉松赛事仍然是以政府出资来办赛的现状，过度追求标牌赛事是否值得，需要赛事组织者和当地政府深思。因为很多国内的赛事虽为标牌赛事，但很少有像北马、厦马、上马的影响力及办赛实力，虽然标牌赛事越来越多，但也越来越难以通过标牌等级来凸显赛事的地位与身份。国内部分赛事过度的"追标"，往往忽略了办赛的品质，而决定赛事生命力的关键因素还是要提升办赛的品质，办赛品质提升了，自然会赢得大众的认可，赛事的口碑也会逐步提

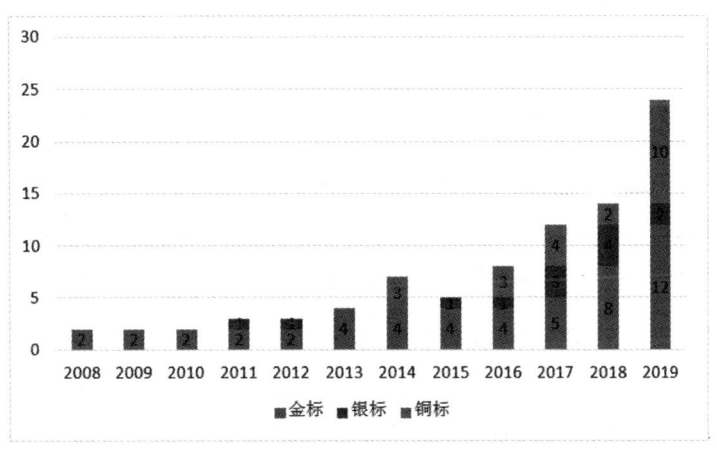

图 6　标牌赛事数量变化

注：本表摘自《中国马拉松蓝皮书 2019》

升，自然也会赢得社会的关注及赞助商的青睐，因此追求标牌并非提高赛事影响力的唯一途径，像马拉松路跑强国美国、日本等，金标赛事虽不及我国，很多知名的比赛都不是标牌赛事，但依然受到热捧。如世界知名的火奴鲁鲁马拉松赛、大阪马拉松等。因此，中国马拉松赛事需要与世界接轨，但最关键的是做好赛事组织与服务，赢得跑者口碑，而非盲目追求相关的标牌。

此外，我国为提升中国马拉松及相关运动赛事的组织和管理水平，促进中国马拉松及相关运动的健康有序发展，中国田协同样为马拉松及相关赛事制定了等级标准，从13个方面对赛事进行评分，并从高到低依次评为金牌、银牌、铜牌赛事。和国际田联标牌赛事的评定标准相比，其最突出的区别是国际田联对世界优秀运动员的参赛数量和成绩有着明确的要求，而我国的评定标准并无相关要求。这也体现了国际田联在对赛事的组织、服务及硬件设施提出更高要求的基础上，更加突出了赛事的品质，而我国的评定标准更加注重赛事的规范程度，这也符合我国目前马拉松运动的实际发展情况。

(四) 赛事类型趋于多元化，地方特色挖掘不足

传统意义上来讲，马拉松就是指42.195公里的赛跑，但随着跑步运动在世界范围内的风靡，根据跑者的不同需求，马拉松赛事逐渐派生出5公里、10公里、半程马拉松等路跑赛事，马拉松的概念逐渐被多元化，因此马拉松既有狭义的概念，也有广义的概念。在2015年之前，我国城市马拉松的项目类型较为单一，竞技的色彩较为浓重，比赛多以全程为主，适当地配以5公里、半程马拉松等项目，比赛缺少休闲、娱乐、时尚的元素。但随着《关于加快发展体育产业促进体育消费的若干意见》的颁布，越来越多社会资本的融入以及赛事运营理念的转变，我国的城市马拉松也呈现出了多元化的发展趋势，除了传统马拉松外，像追求极限的超长距离跑、强调健身乐趣的短距离休闲跑、健步走等新兴路跑赛事也展现出了良好的发展势头，中国田协也适时地提出了"马拉松及相关运动赛事"的概

念范畴，将各类由马拉松运动派生出来的不同路面上进行的长距离跑步、行走以及接力项目均明确纳入管理范围，马拉松运动呈现出多元化的发展趋势。赛事运营方通过变换不同的比赛距离、比赛环境、活动主题、参赛对象等，来避免赛事同质化，提高赛事的关注度，吸引更多的人群参赛。关于赛事类型的变化，大致可以分为以下四种模式：

1. 在变换比赛距离方面

赛事运营方通过变换不同的赛道距离来吸引不同的参赛人群，大体上可以分为三类，一类是以传统竞技运动为主的城市马拉松，比赛类型大致为全程马拉松、半程马拉松、10公里跑等，代表性赛事如北京马拉松、扬州半程马拉松、李宁10公里跑等赛事；第二类为以挑战极限为主的超长距离跑、越野跑、超级马拉松等，具有代表性的赛事有TNF100北京国际越野跑挑战赛、贵州黔东南超100公里跑国际挑战赛、环青海湖超级马拉松等；第三类赛事以健身、娱乐、休闲为主的健康跑、迷你跑等，如各类3公里、5公里等MINI路跑赛事。

2. 在变换比赛环境方面

我国幅员辽阔，自然环境复杂多样，形成了各具特色的地理区域，赛事运营方根据各地的自然风景，开发出了各具特色的马拉松赛事，别具一格的赛道对跑者有着极强的吸引力。近几年，很多赛事的赛道都与江河、水系相关，以江河、湖泊、水系为名的马拉松赛事已经成为我国马拉松赛事中重要的一环。在人民网发布的2019中国最具影响力马拉松赛事排行榜TOP100中，与环湖相关的赛事就达到10余场。除以上的特色马拉松赛外，以森林、草原、沙滩、湿地、沙漠、冰雪等特殊地形地貌为主题的特色赛事也不断涌现，马拉松和特殊的地形地貌相结合，能够有效地推动当地马拉松+旅游的深度融合，提高举办地的知名度与美誉度，从而吸引更多游客，拉动地方经济发展。

3. 在变换参赛对象方面

为了吸引不同人群参赛，各赛事运营方以家庭跑、亲子跑、情侣跑、女子马拉松等为主题的赛事也相继涌现,多元化的人群亲身参与到赛事之中,则实实在在地增加了马拉松人口,为马拉松运动的持续发展奠定了坚实的群众基础。

4. 在变化赛事主题方面

彩虹跑、摇滚跑、趣味跑等多概念为主题的赛事也相继出现,更多概念和主题的加入,无疑会令马拉松赛更具特色,更有活力。

总体来看,虽然我国城市马拉松赛事呈现出多样化发展的态势,但从赛事的特色化发展来看,我国城市马拉松依然还有很长的路要走。2019年我国举办的1828场赛事中,真正具有竞争力的赛事依然是北京马拉松、上海马拉松、厦门马拉松等传统知名赛事,需要摇号来获取参赛资格,可谓"一跑难求",而一些三、四线城市的马拉松赛事则普遍存在着报名参赛选手不足的尴尬局面,地方政府只好鼓励、组织当地企事业职工或当地市民参赛来填充"门面",而邀请各地跑团参赛也成为赛事运营方赛前最主要的一项工作。造成这一现象的原因与国内马拉松赛事同质化严重有着直接的关系,有的赛事都标榜最美赛道、最佳补给、最人性化服务,其实质却是大同小异;有的赛事名称非常有特色、非常有吸引力,实则名不副实,如何避免千"马"一面是国内马拉松运动亟须解决的问题。此外,在赛事类型方面,我国城市马拉松运动存在的另一个问题是赛事类型配比不合理,以2019年为例,1828场比赛中适合普通大众参与的迷你跑仅为337场,仅占全部赛事的18.44%,而这类赛事恰恰是培养我国大众参与跑步,培养跑步习惯最佳途径,能够有效地增加我国的跑步人口,因为这类赛事开展更加便捷,在社区、公园、校园等环境中组织短距离的路跑赛事既不会占用过多的社会公共资源,也不会过多地影响周边居民的正常生活,大众参赛也较为便捷,适合广泛开展,而这类赛事也是构成我国城市马拉松金字塔的塔基部分,赛事数量应该占到更大的比例,从2019年的赛事类型分布来看,全程马拉松、半程马拉松、越野跑共占到全部赛事的65.48%,远远大于迷你跑赛事数量,这也是选手参赛人数不足的一个重要原因，真正培养马拉松人口的赛事数量非常有限，而大部分赛事都在追求高大上与国际化，而忽略了具有更大潜力的初级跑者，这与地方政府举办马拉松赛事的"城市营销"策略以及赛事运营公司的盈利目的有着直接的关系，相反世界马拉松大国美国每年所办赛事达上万场，10 km跑和健康跑赛事则占到了74%，全程和半程赛事仅占到全部路跑赛事的13%左右，赛事结构设置合理。我国城市马拉松赛事的确需要北京马拉松、上海马拉松、厦门马拉松、扬州半程马拉松等有着标杆意义的城市马拉松进行引领。但在国内马拉松的蓬勃发展过程中，同样也需要因地制宜办各种层级、形式多样的马拉松赛事，只有摒弃贪大求全的办赛思维，转而开动脑筋在因地制宜办赛上下功夫、在营造赛事特色上下功夫、在便于群众参与上下功夫，国内马拉松赛事才会突破盲目攀比、恶性竞争的发展瓶颈，进而呈现百花齐放、百舸争流的喜人场景。

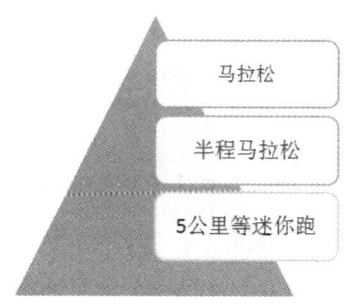

图7　马拉松赛事金字塔

（五）商业化运营模式日趋成熟，分级监管需进一步加强

1. 赛事运营公司的发展

商业化运营是体育赛事发展的必然趋势，北京马拉松常常被称为"国马"，也是我国最早尝试商业化运作的马拉松赛事，早在2002年国际八方环球体育赛事公司就与北马合作，全面负责北马的招商工作，开创了我国马拉松赛事商业化运营的先河。2011年后随着我国马拉松运动的快速发展，特别是2015年之后我国马拉松赛事"井喷"式的增长，商业化模式运营马拉松赛事渐渐成为主流。同时，我国马拉松运动的快速发展也催生了

一批体育运营公司、体育经纪公司等，如智美体育、中迹体育、中奥路跑、东兰浩生、无锡汇跑等都是目前我国最为成功的体育赛事运营公司，引领着我国马拉松运动的快速向前发展。从2011年至2021年10年间，我国各类体育赛事相关企业快速增长，通过"企业查查"官网可知（见图8），从2011年的全国仅3300家体育赛事企业，到2021年达到了125364家企业，十年间我国体育赛事相关企业数量将近增长了36倍，数量蔚为壮观，尤其是2014年国务院印发了《关于加快发展体育产业促进体育消费的若干意见》之后，2015年我国的体育赛事公司同样也呈现出了"井喷"的发展，这不仅得益于政策支撑下我国体育产业快速发展的大环境，同时也与我国马拉松运动的蓬勃发展有着密不可分的关系。将2011—2019年我国的马拉松赛事数量与体育赛事公司数量进行相关性分析可知，两者相关性系为0.976（$P<0.01$），属于高度相关，可见马拉松运动带动了体育赛事公司、企业的加速发展，同时体育赛事公司也有力地推动了我国马拉松赛事的进一步商业化与市场化，两者是相辅相成的关系。从体育赛事公司地域分布来看（见图9），目前我国内地体育赛事公司最多的地区为上海市，达到了69390家，其次为广东省和山东省，分别为46849家、39260家，均处于我国东南沿海地区。而体育赛事公司最少的三个省市为宁夏、青海、西藏，这三个省的马拉松赛事数量也是最少的。可见，地区马拉松赛事公司数量与当地的赛事数量有着直接的相关，通过相关性分析可知，两者的相关系数为0.626（$P<0.01$），属于中度相关，可见地区马拉松赛事与本土化的赛事公司有着协同发展的效应，本土化的赛事公司能够更好地挖掘地方的赛事特色，地区马拉松运动的发展也进一步催生了更多的体育赛事公司专注于马拉松赛事的开展。

2. 赛事运营模式

在商业化运营马拉松赛事逐渐成熟的同时，由于各类赛事的规模、类型及地方政府工作方式等方面的不同，目前我国马拉松赛事商业化运营主要呈现出三种模式，第一种为目前最为普遍的形式，地方政府主办，赛事

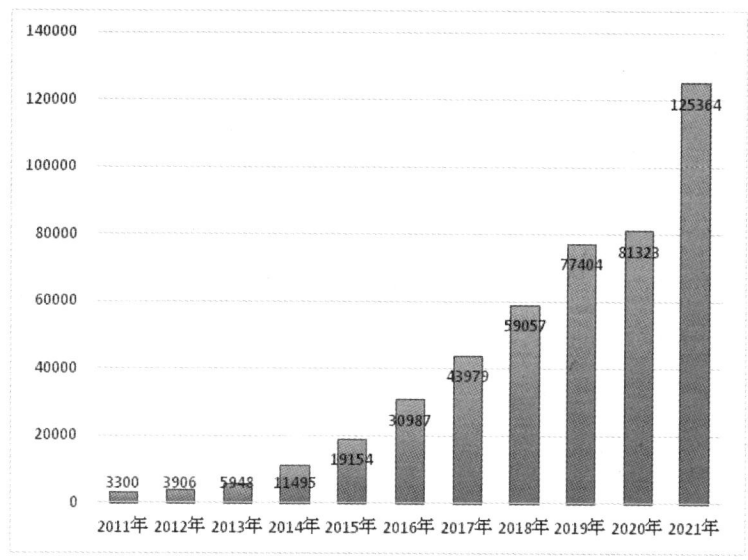

图8 2011—2021年我国内地体育赛事公司数量变化

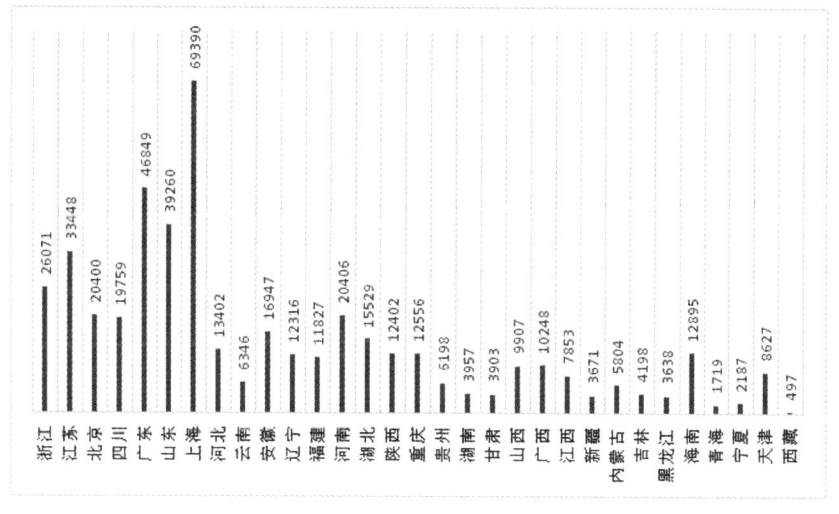

图9 2021年我国内地各省市体育赛事公司数量分布

运营公司承办,赛事公司全面负责整个赛事报名、招商、竞赛组织、物资采购等,而政府则从赛事运营的微观层面上退出,只是在宏观层面和赛事运营的必要环节给予支持,协调必要的公共资源保障赛事的顺利进行,如卫生、安保、交通、气象、志愿者等方面。第二种模式是由地方政府主办，地方体育局承办，赛事公司来协办。地方体育局成立赛事组委会负责整个赛事的管理、执行与运营，赛事公司参与深度不够，其主要任务一般包括三个方面，一是向市场提供体育赛事的各种信息，加大对赛事的宣传；二是组织报名工作，包括邀请特邀选手和跑团参赛，如果参赛选手不足还需联络地方的企事业单位，组织员工参赛；三是对赛事的有形与无形资产进行商业开发，并拉拢赛事的商业赞助。这也是北马最初的赛事运作模式，目前还有部分的赛事一直在沿用。第三种模式是由企业、事业单位、学校、行业协会、俱乐部等主办或承办，通过委托代理的方式聘请专业的体育赛事公司运营赛事，这类赛事普遍规模较小，不需要调动较多的社会公共资源，如公园跑、校园跑、景区跑等。这类赛事规模虽小，但比赛较为灵活，必将成为未来我国马拉松运动的发展趋势。

3. 赛事运营公司的规范与监督

赛事运营公司为我国马拉松运动的快速发展起到了积极的促进作用，但2015年之后，由于行业规范的缺失，国内体育赛事运营公司野蛮式生长，鱼龙混杂，很多小型的赛事公司并不具备安全组织赛事的能力，核心成员对马拉松赛事一无所知，核心业务被层层转包，各种乱象频出。2021年5月22日发生的"甘肃省白银市山地马拉松伤亡事件"是赛事运营中的最极端案例。21名运动员由于失温而遇难，成为近年来国内发生的最为惨重的公共安全事件，引起了社会各界的广泛关注，马拉松及相关运动赛事的安全问题再一次成为了社会热议的话题。此事件发生之后，国家体育总局相继出台了《体育总局关于进一步加强户外运动项目赛事活动监督管理的通知》《关于进一步加强近期路跑赛事及活动安全稳定工作的通知》《关于进一步加强体育赛事活动安全监管服务的意见》《关于进一步加强马拉松赛事监督管理的意见》《体育总局关于建立健全体育赛事活动"熔断"机制的通知》《中国田径协会路跑赛事运营公司管理办法》等一系列意见与办法，为加强我国路跑运动持续、健康发展奠定了基础。其中，《中国田径协会路跑赛事运营公司管理办法》的出台对马拉松赛事运营公司提出了明确的规定,如赛事公司注册员工人数、员工所具备的资质、员工的培训等方面都提出了具体的要求。尤其是《办法》中明确指出"公司注册员工15人以上,且上述人员在本公司缴纳社保满6个月",对核心业务层层转包的乱象起到了很好的遏制作用,但对于中小型赛事公司来说,也是严峻的挑战。

同时,在加强路跑赛事公司规范化管理的同时,中国田协出台了《中国田径协会路跑赛事分级监管督办工作实施细则》,明确了各地方田径协会监管地方路跑赛事的职责。中国田径协会要求各级监管单位围绕路跑赛事安全的重点工作和重要任务进行分级监管,其主要职责主要包括六个方面:一是要求各地方田协做好属地指导,主要是根据本省市路跑运动的开展情况,出台适合本省的路跑政策和制度,做到因地制宜,一省一策,体现赛事的差异化,进而更有利于我国路跑运动的多元化发展,百花齐放;二是集中地方资源,建立多学科的路跑赛事专家团队,包括风险管理专家、赛事运营专家、经济专家、气象专家、优秀教练员、优秀运动员、大众马拉松代表、学校体育专家等共同组成专家团队,吸收各方的建议,海纳百川,共同为本省路跑运动的发展建言献策;三是搭建路跑赛事交流活动平台,定位为本省的马拉松赛事公司搭建一个交流平台,相互学习办赛经验,避免同质化发展,避免恶性竞争,同时要为大众马拉松爱好者和赛事公司、地方协会等建立一个交流的平台,吸取好的建议,共同提高地方的办赛质量;四是因地制宜地制定本省路跑运动的发展策略,深入地分析本省路跑运动发展的优势、劣势、机遇与挑战,扬长避短,避免本省路跑与其他身份的同质化发展,提升本省路跑运动的竞争力,打造具有本省特点的路跑赛事品牌;五是摸清世界路跑运动的发展潮流,引导本省路跑运动创新发展,如何找准本省路跑运动发展的新方向,创新办赛模式,引领本省路跑赛事走出困境;六是起到承上启下的纽带作用,根据中国田径协会的文件精神,做实做细地方的办赛指南,因地制宜地做好地方的办赛指南,保证办赛指南实用性强、可操作性强。

分级监管的核心是根据各省路跑运动的发展情况，制定各省的分级监管措施，是保证我国路跑运动持续、健康发展的关键。地方路跑运动和全国路跑运动是部分和整体的关系，只有地方路跑运动更好更快地发展才能推动我国路跑运动进一步的发展与提高。监管措施可以包括以下几个方面：一是搭建监督管理系统，制定详细的赛事申办、审核、督导等流程，在保障审批效率的基础上，抓住几个办赛的关键点进行评估，突出重点，抓住难点；二是要引入第三方风险评估机制，对赛前和赛中进行全方位的风险识别与评估，找出赛事可能存在的风险点，尽可能地规避风险，减小风险带来的损失；三是建立省级、市级、县级（区级）三级路跑协会，逐级进行赛事申报、审批、督导，同时在省级路跑协会的领导下，各地方协会之间进行相互监督，共同提高赛事的质量；四是各级协会成员可以吸纳地方田径协会、赛事公司、路跑爱好者、学校体育教师等多方共同参加，吸纳社会力量制定本省或本地区的风险评估指标体系，加强风险评估相关理论知识的培训，设立风险评估专员，共同打造安全、健康的地方路跑赛事活动。

总体来看，赛事运营的商业化已经成为我国马拉松赛事发展的必然趋势，加强赛事公司办赛资质审核与加强办赛过程的监管是促进我国马拉松运动健康有序发展的两翼，必须严格把关，稳步提升我国马拉松赛事的办赛质量。

三、对我国城市马拉松运动未来的展望

在剖析十年发展历程的基础上，展望我国马拉松运动未来发展，需要从以下几个方面进一步规范。

（一）各级田径协会应加强对地方政府及赛事运营公司的引导，合理配比赛事类型，提高短距离路跑赛事数量，夯实马拉松赛事金字塔的塔基，充分利用社区、公园、校园、景区等环境组织举办更多的适合我国大部分民众能够参与的短距离路跑赛事，培养大众跑步习惯，增加我国跑步人口。

（二）进一步落实国务院行业管理"放、管、服"政策精神，简政放权，推动分级监管制度的落实，调动地方政府体育部门的积极性，成立省、地（市）、县三级路跑协会，分级监管，层层落实。吸纳各类人才加入地方路跑协会，包括风险管理专家、赛事运营专家、气象专家、搭建专家、优秀教练员、优秀运动员、大众跑者代表、学校体育专家等共同组成专家团队，吸收各方的建议，海纳百川，全方位推动分级监管制度的落实、落细。

（三）我国城市马拉松运动目前已遍布全国各省市，虽然发展仍不均衡，但城市马拉松运动俨然已成为我国开展最为广泛的大众体育运动赛事。在我国城市马拉松运动开展如火如荼的大背景下，校园路跑开展并不理想，这也是我国城市马拉松运动最大的缺口。青少年是国家的未来，"少年强，则国强"，在校园中打造适合广大青少年参与的路跑赛事，不仅能够有效提高青少年的体质健康状况，同时也能培养青少年的跑步习惯，培养跑步人口。特别是高校可以利用校园环境广泛开展路跑活动，地方路跑协会应将校园路跑纳入到城市马拉松竞赛体系，尤其是高校较为聚集的城市，可以广泛开展校际联赛。

（四）我国马拉松赛事不论在数量还是质量上都在稳步提升，但与世界优秀马拉松赛事相比还有一定的差距，关键在于赛事特色不够鲜明，同质化严重，办赛城市需要进一步挖掘地域特色，不论是从比赛形式、赛道、主题等方面探寻差异化发展，还是吸引更多的外地跑友，甚至是外籍跑友参赛，进而带动当地旅游、餐饮、住宿等相关产业的发展。

（五）城市马拉松赛事物资物料消耗巨大，不论是各类标识、广告板、补给、水、宣传手册还是大型的搭建材料，对于赛事组织者来说都是巨大的开销。很多赛事结束后，赛道尽是一次性水杯、塑料瓶子、赛事手册等，不仅浪费巨大，也给城市造成了污染。因此，未来的城市马拉松应当与环保理念相融合，让马拉松赛事更加绿色，减少对环境的伤害，才能超越个体打造更高层面上名副其实的健康运动。

（六）优秀的志愿者队伍和规范的志愿者管理有助于赛事组织水平和服务水平的提升，我国城市马拉松志愿者大部分来源于当地大学生，大学生志愿者为城市马拉松赛事的举办起到了重要的支撑作用，他们不仅能够满足各类志愿者岗位的需求，同时也便于管理。但对于一些地市级城市，或是县级城市来说，大学生较少，异地调动成本太高，这就需要大力培养社区马拉松志愿者，地方路跑协会及赛事运营公司应深耕当地的马拉松赛事，借鉴国外马拉松志愿服务经验，构建具有地方特色的志愿者招募、培训、管理、激励体系。

基于SWOT分析法的天津马拉松赛事发展策略研究

伴随着我国马拉松赛事发展的热潮,天津于2012年举办了第一届天津(武清)国际马拉松,截至2019年,天津已连续举办了8届,但在中国田协的赛事评级中从未获得过任何的等级,而国内与天津同一时期举办的马拉松赛事则早已跃居为中国田协的金牌赛事甚至是国际田联的标牌赛事。此外,许多一、二线城市不仅拥有一项高级别的马拉松赛事,而且还广泛开展其他相关的路跑赛事,如超级马拉松、半程马拉松、10公里跑等等赛事,满足广大民众不同的参赛需求。与天津同级别的城市如北京、上海、重庆分别在2019年举办了117场、94场、48场,而天津在2019年仅仅举行了5场规模性赛事,这5场马拉松赛事不仅赛事级别低,而且赛事规模较小,影响力非常有限,这与天津的城市地位及经济发展速度严重不符。本文通过运用SWOT分析法对天津马拉松赛事所处的内外环境进行分析,紧密联系实际,找出天津马拉松赛事发展过程中的优势与不足,并提出相应的解决思路,以期为进一步推动天津马拉松赛事的发展提供有益的借鉴与参考。

一、天津马拉松赛事运作分析

(一)办赛优势

1. 办赛经验丰富

早在20世纪八十年代初,天津率先在全国举办了规模和影响力都较大的马拉松赛事,成为当时为数不多的几个举办马拉松的城市之一,也是与北京马拉松同年诞生的赛事。从1981年举办第一届至2004年停办,共十五次的天津马拉松的办赛经历,使天津已经具备了丰富的马拉松办赛经验。再加之近几年来连续在天津举办了全国大学生运动会、东亚运动会、全国运动会等国内及国际的综合性体育赛事,使天津的办赛能力进一步得到提升。因此,无论是对于专业马拉松赛还是各类田径赛事都已经积累了丰富的办赛经验。

2. 独特的人文历史景观

近年来,体育与旅游结合越来越紧密,体育休闲旅游逐渐兴起,在国际田联对马拉松金标赛事的评选标准中,当地旅游产业对赛事的影响也占了很大的分值。因此在发展竞技体育、群众体育的同时,通过举办马拉松赛事来深挖当地的旅游资源,成为当今我国马拉松赛事发展的趋势,从而带动地方经济的发展。我国的扬州鉴真国际半程马拉松赛就是一个很好的例子,把鉴真东渡的精神和马拉松坚持不懈的精神结合到一起,极具人文精神,再加之杨马组委会将比赛时间设置在扬州风景最美的四月,比赛线路贯穿扬州各主要景区,央视航拍、文化学者解说,并向全球50多个国家宣传扬州美好形象,开发赛事旅游纪念品等。扬州马拉松通过几年的发展一跃成为国际田联的金标赛事,并极大促进了地方经济的发展,不仅被国家体育总局评为2014中国体育旅游精品项目,而且入选了2014年的中国体育旅游十佳精品赛事。再如西安的城墙马拉松、贵州黄果树国际半程马拉松、北京长城马拉松等赛事都极具地方旅游特色。

天津作为我国历史文化名城,有着600百年的建城史,其最显著标志之一便是位于天津五大道的众多异国风情且风格迥异的历史风貌建筑。五大道共有22条马路,总长度为17公里,汇集了英、法、意、德、西班牙等国的建筑多达2000多幢,其中风貌建筑和名人故居有300余处,堪称"万国建筑博览会",形成了五大道特有的欧陆风情,同时也充分展现了近代中国百年风云的沧桑巨变。且五大道毗邻天津海河,海河是天津的母亲河,通过10余年的提升改造,海河两岸风景秀美,景色宜人。一边是高楼林立的现代文明,一边是风格迥异的万国风情,海河将天津的近、现代文明高度的融合在了一起。若以五大道和海河两岸来设计马拉松比赛线路，将极具天津的城市特色，穿梭于近代与现代之间，在奔跑中领略天津的近代与现代文明，这必将成为国内外众多马拉松赛事中最具特色的比赛路线，从而吸引国内外众多选手参加。

（二）办赛劣势

1. 比赛时间选择不合理

天津国际马拉松目前共举办了8届，前两届均在五月下旬举行，天津的日最高气温已达到了30度以上，天气较为炎热，非常不利于运动员比赛，而根据国际田联的技术手册可知，马拉松的最适宜气温是15度，每升高一度，对运动员的损耗越大，而且极易发生猝死等伤害事故。为了避开高温炎热天气，第三届选在了十月下旬举行，虽然气温较为适宜，但此时正值深秋，秋冬季节正是京津冀地区雾霾的高发季，与一周前举行的北京马拉松赛一样，天津国际马拉松在重度雾霾中开跑，比赛当天中央气象台发布了霾黄色预警，天津全市空气状况为重度污染水平，社会反响强烈。2015年第四届天津国际马拉松为了避开雾霾天，将比赛时间提前了一个多月，选择在九月中上旬举行，但天津九月中上旬天气仍然比较炎热，对比赛依然不利。比赛当天最高气温达到了30度，一直处于领跑的非洲女运动员在临近终点的41公里处发生了昏厥，错失了冠军。2017年天津马拉松比赛当天最高气温更是达到了33度……因此比赛季节的选择对马拉松赛事的发展起着关键的作用。

除季节选择不合理外，近几届天津国际马拉松总是选择在北京马拉松之后一周或之前一周举行，这必定被北京马拉松分流了很大一批国内外优秀选手及业余全程选手。因为北京马拉松为国际田联金标赛事，也是国际田联最早的八大金标赛事之一，在国内外有着很高的声誉，其影响力远高于天津国际马拉松，特别是2015年北京马拉松升级为"全马"，全程比赛人数首次扩容至3万人，这必将会吸引更多的马拉松爱好者前来参赛，而任何一个优秀选手或业余爱好者都不会在一周内跑两个马拉松，因此，必定会影响天津国际马拉松的全程参赛人数、比赛成绩及完赛率。

2. 赛事单一，无法体现天津历史文化风貌

近几年我国马拉松运动发展迅速，各类赛事遍布大江南北，特别是随着中国田协对马拉松及相关路跑赛事审批制度的取消，2015年我国的马拉松赛事呈现出了井喷的态势，截至2019年，我国马拉松及相关运动赛事就高达1828场，分布在我国31个省市及自治区，成为我国举办最多的高级别的单项体育赛事。其中6个省市2019年举办的马拉松赛事均在100场以上，浙江举办马拉松赛事最多，2019年全年达到了232场，江苏和北京分别达到了185场和117场。而且赛事种类丰富，不仅有常规的全程和半程马拉松，还有10公里跑、5公里迷你跑、超长距离100公里跑等赛事，满足了不同参赛者的需求，同时也推动了地方的旅游经济的发展。

天津是我国的四大直辖市之一，近几年随着滨海新区的开发开放，经济发展迅速，城市建设日新月异。但就马拉松赛事开展来看，2019年天津全年仅有5场马拉松赛事，具有一定规模的仅仅是在天津市武清区举办的马拉松赛事，其次是在天津蓟州举行的黄崖关长城马拉松，虽然参赛选手遍布40多个国家，但整体上赛事规模较小，影响力不足，而其他赛事则最更不具有影响力。总体上来看，目前寥寥几场马拉松均不在天津市区举行，天津不仅赛事少，且无法全方位地展现天津的历史文化风貌和现代化的建设发展。而举办地武清区虽然赛道较为宽阔平坦，但缺少人文景观特色，虽已举办了8届，在全国众多马拉松赛事中影响力相对较小。相反，在我国的一些马拉松开展较好的城市不仅赛事资源丰富，而且在赛道路线的设计上深挖地方旅游特色资源，打造一系列的路跑赛事，全方位地展现城市面貌。如北京市以北京马拉松为核心，同时开展了以半程马拉松为主的北京长跑节，结合北京旅游特色开展了长城马拉松，为了满足超长距离路跑爱好者的需求开展了一系列的50公里、100公里跑等赛事，满足了不同层次路跑爱好者的需求。

3. 赛事运营商业化程度不够高

当今，赛事运营商业化和承办主体的多元化是我国马拉松赛事发展的趋势。随着我国马拉松赛事的快速发展，目前我国马拉松赛事的运营主要有三种模式，第一种模式是由地方体育局牵头，成立赛事组委会，直接由赛事组委会负责整个赛事运营，市场运作的比重不大。第二种模式是由地方体育局承办，并由一些赛事运营公司协办，体育局从赛事运营的微观层面上逐渐退出，不再担当赛事的运营主体，只是在宏观层面和赛事运营的必要环节给予支持。第三种模式是由企业、事业单位、学校、行业协会、俱乐部等承办，通过委托代理的方式聘请专业的体育经纪公司运营赛事。目前我国的大部分马拉松赛事都采用了第二种运营模式，北京、厦门、上海三大马拉松赛事分别由中奥路跑、厦门广电、东浩兰生等公司运营，它们分别运营着我国的北京、厦门、上海三大马拉松赛事。第三种模式主要以一些小型马拉松赛事为主。天津国际马拉松目前商业化运营程度不够高，赛事运营主要是由天津武清区政府和天津体育局负责，成立赛事组委会，负责赛事的全面工作。仅仅是在报名、赞助招商、赛事宣传等方面与赛事运营公司合作，赛事品牌的打造等方面都不够成熟，严重影响了赛事的进一步发展，特别是在第二届比赛后奖金风波事件中媒体公关不够成熟，官方消息发布迟缓，给赛事造成了不良的影响。因此，天津国际马拉松市场化程度低、商业化运作不成熟是影响天津马拉松发展的又一劣势。

4. 医疗应急救治体系不够完善

2019年我国全年的马拉松赛事已逾两千场，而最让主办方担心和头疼的事是参赛者的安全问题，马拉松猝死发生概率为五万分之一，近10年国内马拉松出现了二十余起选手猝死事件，给赛事蒙上了阴影。因此，如何保证参赛选手的安全，避免选手猝死事件的发生，成为各大马拉松赛事的工作重点。2015年天津国际马拉松在医疗保障方面做了周密的准备。前37公里每2.5公里设一个医疗站，两站之间设一个医疗点，37公里以后加大了站点设置密度，每200米设一个医疗站点，比赛现场参与指挥和医疗救治的人数达194人。尽管如此，一直处于领跑的非洲女运动员在41公里处晕倒，而医务救助人员在10分钟后才到达现场，幸好运动员没有太大问题，否则后果将无法弥补。而对于心脏骤停的人尽快实施心肺复苏和心脏除颤，是挽救生命最为有效的措施，而这个"尽快"大致界定在4分钟左右。过了4分钟，大脑会出现不可逆的缺血缺氧坏死，每拖延一分钟，患者的生存率下降7%至10%，10分钟以后急救几乎没有任何意义。虽然天津马拉松赛前的医疗布置周密，而且加大了临近终点前的医疗救助密度，但仍然出现这样的问题，这也暴露出天津国际马拉松赛医疗救助体系存在着严重的缺陷，需要进一步的改进与完善。

（三）开展马拉松运动的机遇

1. 大众参与热情逐渐增高

随着社会经济发展、群众健康意识的提高，马拉松运动在我国受到了普通大众的热捧，与其他运动项目相比，马拉松运动简单经济，适合大部分人群。跑步能由内而外提升人体健康指数，在塑造健美肌肉的同时，提升心血管功能。参与马拉松赛事，可以在检验平日跑步成果的同时，享受跑友盛会，获得心灵上的满足。近几年来我国参加马拉松比赛的人数逐年增多，2012年我国参加马拉松比赛人数近50万人次，次年迅速增加为75万人次，而随着我国马拉松比赛场次的继续增加，2014年参赛人数达到了90万人次之多，2015年之后我国的马拉松赛事成倍增长，参赛人数增速惊人，2019年规模赛事的总规模达712.56万。而随着我国民众的参赛热情高涨，一些精品马拉松比赛供不应求，北京马拉松、上海马拉松、广州马拉松等都采取了预报名与抽签的形式。此外，马拉松运动在天津市也有着很好的群众基础，从1981开始连续举办的十五届马拉松赛事早已深入人心，天津民众对马拉松运动有着独特的感情，民园体育场作为比赛的终点也成为一代人的记忆。

2. 政府简政放权

2014年10月，国务院印发了《关于加快发展体育产业促进体育消费的若干意见》，把全民健身上升为国家战略，把体育产业作为绿色产业、朝阳产业进行扶持。这无疑对马拉松运动的发展是个重大利好政策，作为具有广泛群众基础的项目，在面临新的挑战的同时，更是迎来了发展的重大历史机遇。为此，2015年中国田径协会按照简政放权的要求，取消了马拉松赛事的审批，放宽了马拉松赛事的准入条件，简化了准入程序，从而来激发社会力量办赛的积极性，截至2015年7月在中国田协注册的马拉松赛事已达到了101场，办赛主体更加多元化，吸引了更多的民间赛事加入到了马拉松大家庭中来。如横店半程马拉松、中国矿业大学校园半程马拉松、大连环黄泥川越野赛、南京山地马拉松等赛事不再由地方政府或体育局来承办，企业、事业单位、学校、行业协会、俱乐部甚至个人都可以加入到办赛的队伍当中。

（四）开展马拉松运动面临的挑战

1. 同类赛事竞争激烈

随着马拉松运动的快速发展，我国越来越多的城市开始举办马拉松赛事，各类路跑赛事遍布大江南北，2015年我国大陆境内共26个省市及自治区举办了马拉松，北京、浙江、江苏等省市全年举行的赛事都达到了十场以上，除一、二线城市外，马拉松赛事逐渐向我国的三、四线城市扩散，甚至一些区县也加入到了马拉松的办赛热潮中。2019年我国马拉松赛事数量更是空前地达到了1826场，赛事数量急剧增加同时，也出现了许多现实的问题，如赛事的同质化严重，千马一面，各项赛事间的竞争也日趋激烈，各项赛事都在竞赛组织、赛事服务、医疗救助等方面不断地提升赛事的品质，深挖赛事的特色。中国田协为了提升我国马拉松及相关运动赛事的组织和管理水平，对我国马拉松赛事指定了等级标准，并从高到低依次评为金牌、银牌、铜牌赛事。2019年我国举办的1862项马拉松赛事中，金牌赛事118场，银牌赛事74场，铜牌赛事82场。天津国际马拉松目前已举办8届，而在中国田协的赛事评级中从未获得过任何的等级，与天津同一时期举办的马拉松赛事早已跃居为中国田协的金牌赛事甚至是国际田联的标牌赛事，如衡水湖国际马拉松、广州马拉松、兰州国际马拉松、重庆国际马拉松赛等，这与天津的城市地位及经济发展速度严重不符。

2. 赛事风险不断增多

随着我国马拉松赛事的快速发展，一些不可预知的、不可避免的风险势必增多，再加之马拉松赛事场地的开放性、项目本身的危险性、业余选手的大量参与以及易受自然气候条件影响等有别于其他一般大型体育赛事的特征，使得风险的发生概率远大于其他体育赛事。纵观国内外马拉松赛事，各类风险事件层出不穷，2010年厦门马拉松作弊事件，致48人被取消成绩；2012年纽约马拉松赛由于飓风而被迫取消；2013年美国波士顿马拉松发生爆炸案，致3人死亡，260人受伤；2014年北京马拉松比赛遭遇重度雾霾天；而各大马拉松赛运动员猝死事件更是时有发生……风险一旦发生，带来的损失往往是无法估量的。而随着天津马拉松赛事规模的不断扩大，全程、半程马拉松参赛人数的不断增多，赛事中各种不确定性的因素随之增加，从而使赛事风险相应增多。这必将对赛事的竞赛组织、能量补给、医疗救助等方面提出了更高的要求。在已举办了8届的天津国际马拉松比赛中，都遇到了不同的问题，如第一届比赛中起跑组织混乱、第二届赛后的奖金风波、第三届遇到的严重雾霾等问题，都对比赛或多或少产生了一定的影响。因此，如何规避风险成为天津马拉松进一步需要面对的挑战。

二、天津马拉松赛事 SWOT 分析矩阵

本文通过对天津马拉松赛事运作中的优势、劣势、机遇与挑战进行系统的分析，构建SWOT分析矩阵，对影响赛事运作的各类因素进行综合分析，针对赛事的发展提出了4类组合战略（见表1）。

从表1可知天津马拉松赛事劣势大于优势，机遇大于挑战。因此赛事今后的发展在规避劣势的同时要保持优势，也要把握机遇，积极应对外界挑战，综合运用4种战略组合，提升自身的竞争力。

表1 天津马拉松赛事发展策略

	优势（S）	劣势（W）
	S1 办赛经验丰富 S2 城市人文历史景观独特	W1 比赛时间选择不合理 W2 赛事单一 W3 赛事商业化运营不够高 W4 医疗救助体系不够完善
机遇（O）	战略1（SO 开拓型战略）	战略2（WO 争取型战略）
O1 大众参与热情逐渐增高 O2 政府简政放权	SO1 充分利用天津的办赛经验和大众的参与热情，打造具有天津人文特色的马拉松系列赛事 SO2 抓住政府简政放权的时代契机，拓宽办赛思路，探索市场化的发展道路	WO1 转变办赛思路，学习先进办赛经验，逐步实现赛事运营商业化和承办主体多元化 WO2 不断完善医疗救助体系，提高医疗救助反映速度
挑战（T）	战略3（ST 抗争型战略）	战略4（WT 保守型战略）
T1 同类赛事竞争激烈 T2 赛事风险不断增多	ST1 坚持以人为本，提高赛事的服务质量 ST2 深挖特色资源，打造精品路线	WT1 提高风险意识，建立风险预警机制 WT2 完善管理体系，学习先进办赛经验

城市马拉松赛事组织管理篇

马拉松赛事竞赛组织风险与评估研究

随着国务院《关于加快发展体育产业促进体育消费的若干意见》的颁布以及中国田径协会对马拉松赛事审批制度的取消，我国马拉松赛事呈现出快速发展的趋势，2015年在中国田协注册的马拉松及相关运动赛事为134场，到2016年则迅速增加为328场，而且这一趋势仍在继续。据中国田协副主席杜兆才预计，到2020年我国马拉松及各类路跑赛事有望达到800场，参赛人数将超过1000万人次。但随着我国马拉松赛事场次和参数人数的不断增加，一些不可预知的、不可避免的风险势必增多，再加之马拉松赛事场地的开放性、项目本身的危险性、专业运动员与业余爱好者共同参与、参赛人数众多及易受自然气候条件影响等有别于其他一般大型体育赛事的特征，使得风险的发生概率远大于其他体育赛事。风险一旦发生，带来的损失往往是无法估量的，不仅会影响马拉松赛事的成功举办，导致直接的经济利益受损，甚至可能会造成严重的社会与政治事件。因此，提高对马拉松赛事风险因素的认识，有助于提高马拉松赛事的组织管理水平，从而减小风险对赛事的影响，促进我国马拉松赛事健康、有序地发展。

一、相关概念、类型及研究范围

（一）马拉松赛事风险概念

一直以来，由于国内外学者对风险的理解和认识程度的不同，以及研究视角的差异，导致对风险概念的界定不尽相同。但总体来看，国内外学者对风险的定义通常有以下两种认识：一是把风险定义为损失发生的不确定性；二是把风险定义为预期与实际的差距。依据上述对风险范畴的界定，本文将马拉松赛事风险定义为在马拉松赛事整个运行过程中，由于意外事件而导致的损失以及负面影响发生的可能性。

（二）马拉松赛事风险指标

在确定马拉松赛事风险概念的基础上，对马拉松赛事的风险进行分类可以为风险识别提供不同的识别思路，提高识别效率。通过查阅大量文献发现，国内外学者对大型体育赛事风险来源的分类进行了较多的研究，如卢文云（2005）、朱华桂（2013）、段立军（2012）、刘建（2011）等学者他们根据自己的研究目的，从不同的视角对大型体育赛事的风险类别进行了分析（见表1），并取得了一定的研究成果。在结合前人研究的基础上，根据风险的来源以及本研究的需要，本文将马拉松赛事风险分为竞赛组织风险和赛事运营风险（见图1）。并根据风险形成的原因将竞赛组织风险分为后勤保障风险、选手服务风险、人员管理风险、场地设施风险、自然气候风险、安全保卫风险、医疗救助风险等；而赛事运营风险则包括商业赞助风险、电视转播风险、赛事宣传风险，等等。

表1 大型体育赛事风险分类及依据

作者	分类依据	类别
卢文云（2005）	按照风险损失对象分类	组委会收入损失风险、财产损失风险、人身意外伤害风险、民事责任赔偿风险
朱华桂（2013）	按照损失产生的原因分类	人事风险、运营风险、设施风险、技术风险、政治风险、经济风险、外在环境风险
段立军（2012）	根据风险的重要性和对外部环境的依赖程度	关键性风险、杠杆性风险、瓶颈性风险、一般性风险
刘建（2011）	根据风险的来源进分类	体育赛事所处的外部环境产生的风险、体育赛事内部原因产生的风险

（三）研究范围

根据当前实际需要，本文重点研究马拉松赛事竞赛组织风险，其运营风险不在本研究的范围。因为随着我国马拉松赛事审批制度的取消，办赛主体不断多元化，除了体育部门之外，企业、事业单位、学校、体育俱乐

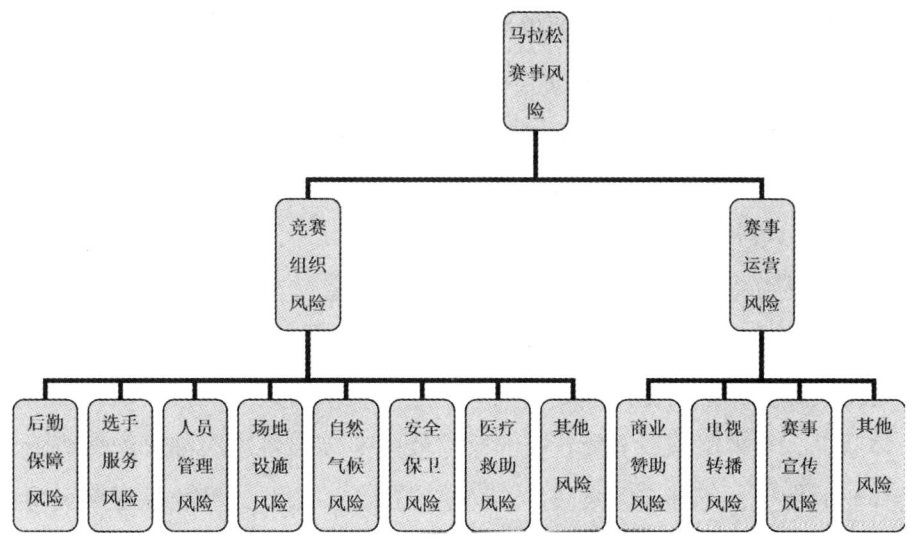

图1 马拉松赛事风险类型

部等社会团体都加入到了办赛的队伍当中,各类商业性赛事如雨后春笋,遍布大江南北。而正是由于马拉松赛事的快速发展,行业规范不够健全,在竞赛组织过程中出现了许多问题,各类风险事件时有发生,严重地阻碍了我国马拉松赛事健康有序的发展,因此对马拉松竞赛组织风险进行研究,有助于规避或降低风险损失,提高马拉松赛事风险管理水平。出于上述原因,本研究将重点对马拉松赛事竞赛组织风险进行深入研究,研究范围包括从赛前的筹备工作(包括赛前场地设施的准备、报名、资格审查等)到比赛结束后人员疏散、赛后医疗监督等赛事组织本身可能所存在的风险,而对于赛事运营风险将不再做进一步分析。

二、马拉松赛事竞赛组织风险特点

由于马拉松赛事场地的开放性、项目本身的危险性、专业运动员与业余爱好者共同参与、参赛人数众多及易受自然气候条件影响等特征,使得马拉松赛事风险具有以下几项特征。

(一)风险具有普遍性

目前马拉松赛事的风险可谓"赛赛有、时时有",不论是举办较为成熟的马拉松赛事还是刚刚起步的马拉松赛事，风险都无处不在，无时不有。大到美国波士顿马拉松的爆炸事件，小到我国清远马拉松运动员误食香皂事件，各类风险事件时有发生，或轻或重都对赛事造成了不良的影响。因此，马拉松赛事风险具有普遍性，它存在于赛事活动过程中的每一个环节。

（二）风险来源具有多元性

由于马拉松比赛场地范围大、参赛人员复杂、赛事规模大等特点，导致马拉松产生风险的因素较多，难以控制。同样是马拉松猝死事件，但造成运动员猝死发生的原因却是不同的，除项目本身具有危险性外，运动员身体状况、赛事组织、天气状况、医疗救助等等很多原因都可能造成运动员猝死的发生，不确定因素较多，防控难度大。因此，马拉松赛事风险来源具有多元性。

（三）风险具有客观性

在马拉松比赛中，许多风险都不以人的意志为转移，都是独立于人的意识之外的客观存在。如2012年纽约马拉松由于飓风而被迫取消、2014年北京马拉松遭遇严重雾霾等，说明马拉松赛事的风险具有客观性，我们只能在有限的空间和时间内改变风险存在和发生的条件，降低其发生的频率和减少损失的程度，而不能、也不可能完全消灭风险。

三、马拉松赛事竞赛组织风险类型分析

（一）选手服务风险

目前我国各类马拉松赛事遍布大江南北，几乎全年每个周末都有马拉松赛事举行，甚至多场马拉松赛事同天进行，因此各项赛事之间的竞争日趋激烈，如何在众多赛事中脱颖而出，不被大众所淘汰，关键是看赛事的服务质量。因为马拉松赛参赛选手中99%的选手都是普通大众，他们更加注重参赛体验，注重赛事的服务质量，如果赛事服务出现问题不仅会影响赛事的长远发展，更有可能会导致伤亡事件的发生。

1. 参赛资格审查

参赛资格审查主要是对参赛者的年龄、身体健康状况、日常训练或参

赛经历等进行审查，对于未达到要求的运动员不允许参赛。虽然一直以来国内每一项马拉松赛事都要求参赛者进行体检，但并非每一项马拉松赛都需要参赛者提交体检报告，即使主委会要求上交，也并未对体检报告进行严格的审核，而对于参赛者的训练或参赛经历只是在竞赛规程中提及，没有相应的审核，这就为比赛埋下了风险隐患。近两年来，随着我国马拉松参赛人数的激增，大众参赛热情高涨，而对于大部分选手来说都是第一次参加马拉松比赛，追求时尚、跟风参赛者大有人在，许多参赛者对自身健康状况、马拉松比赛的风险缺乏足够的认识，再加之平时缺乏系统的训练，这就极易导致伤亡事故的发生。特别是近几年连续发生的多起猝死事件，给我们的办赛热潮敲响了警钟。而对运动员参赛资格的审查则是保证参赛者安全的第一关，从2016年开始国内的许多马拉松赛事开始重视对参赛者的资格审查，如杭州马拉松要求所有参加全程及半程选手必须上传半年以内健康证明，还建议参赛者提供心脏彩超健康证明，并申明这样做有助于提高网上报名的成功率。而广州马拉松则要求参加马拉松或半程马拉松的选手还须提供以往半程以上马拉松比赛完赛证书或成绩证书，为国内首次。

2. 参赛风险提示

在我国官方媒体的报道中，从2004年至2016年我国大陆境内共发生马拉松猝死事件19起，而这19起猝死事件有许多共同点：一是几乎都是男性，年龄大部分都在20～35岁；二是所参加项目多为半程马拉松；三是发生意外的位置多为终点附近。从上述的几个共同点推断可知，发生猝死的都是青壮年男子，平时都爱好体育锻炼，而且身体素质都较好，普遍认为半程马拉松要比全程马拉松相对要容易一些，不需要专业训练，凭借着自己毅力能够坚持下来，而正是由于对自己身体素质的过度高估和对半程马拉松的过度轻视，导致在终点前过度坚持、冲刺，最终导致了悲剧的发生。因此，赛前对运动员的安全提示变得尤为重要，赛事组织方应在赛前加强预防告知工作，通过微信、短信、电视、广播等多种手段，提醒参赛者切勿将个人最好成绩作为唯一诉求，应充分享受比赛的过程，学会量力而行。特别是针对20～35岁这一年龄段群体，应更多地加强风险意识培养。

3. 补给数量与分布

马拉松比赛时间长，运动强度大，极易消耗人体大量的水、碳水化合物等，若补水不及时很可能导致脱水，甚至危及生命。根据田径竞赛规则规定马拉松赛事的起点、终点及沿途间隔5公里应设置饮水/用水、饮料及能量补充品。在以往举办过的一些马拉松赛事中经常被选手爆出赛事补给不足的丑闻，而有些赛事则是赛前缺少规划导致补给不足，如某些新办赛事由于经验不足，将补给平均分配在沿途各个补给站点，导致前几个补给站点剩余较多，而后面的站点被洗劫一空，以至于跑的慢的选手无法获得补给。此外，赛事组委会要根据赛事特点、天气、大部分参赛者的身体情况，可以将饮水/用水站和补给品供应的间隔缩短。而部分马拉松赛事对天气变化缺少预案，以至于在一些高温天气缺少相应的准备，导致参赛选手的补给不足。

4. 参赛物品发放及赛后物品领取

马拉松赛事参赛物品发放及赛后物品领取看似相对简单，但对于一项数万人参赛的马拉松赛事来说却并非那么简单。很多大型赛事由于赛前规划不够周密，导致领物及取物现场组织混乱，甚至可能引发群体性事件。

(二) 场地设施风险

马拉松比赛的场地相对简单，以城市的公路作为赛道，举办城市不需要再斥资兴建体育场馆。但赛道的路线设计、起终点功能区的布局、起终点拱门安全性、赛道标识设置与分布等都需要在赛前进行精心的准备，否则将对比赛造成巨大的损失。

1. 赛道设计与丈量

在赛道的设计方面，除了要展现城市风貌外，更重要的是要考虑赛道宽度与参赛人数的比例，人流密度太大则极易发生踩踏等风险事件。如国内某知名马拉松在参赛人数扩容至3万人后,未考虑到赛道宽度等因素,以至于在比赛起跑后的几公里内,人流密度太大,前行速度缓慢,虽未发生风险事件,但为今后的路线设计敲响了警钟。

2. 赛道标识设置与分布

赛道标识设置与分布对运动员的跑进路线起着重要的指引作用,标识不清晰、不明显、数量不足等都会导致运动员跑错路线,特别是项目设置较多的马拉松赛事,不仅包括全程马拉松,还包括半程、10公里、5公里等项目,这就需要在一些转弯处、折返处、分流处等位置更加重视赛道标识设置与分布,否则将严重影响赛事的顺利进行。如2013年英国"北部马拉松"由于赛道标示不清导致除第一名外的其余5000余人全部跑错路线。

3. 厕所数量与分布

一直以来北京马拉松被称为"国马",不论在赛事规模、组织管理、赛事服务等方面都是国内马拉松的标杆,但近几年来每当北马结束之后占据媒体头条的不是北马的比赛盛况而是"尿红墙"事件,引起了社会的广泛热议。这主要是由于北马起点附近流动厕所较少,很多参赛选手为了成绩不想去排队便站在长安街附近的红墙边小便,从而被媒体称为"尿红墙",给赛事带来了严重的负面影响。因此,作为一项知名的马拉松赛事,除了对参赛选手的不文明行为进行严格管理外,更应该从赛事的细节入手,本着为参赛选手服务的理念,做好各项准备工作。而日本东京马拉松赛组织更为细致,组委会在每一处流动厕所附近设置一名志愿者来统计参赛选手入厕的人数,从而为下一届赛事流动厕所的设置位置及数量提供依据。

(三)人员管理风险

人员管理风险因素主要是由于管理上的不善和制度上的缺陷而导致参与者对马拉松赛事造成损害的可能性。主要表现形式有:(1)工作人员风险。他们具体负责赛事的各项组织和管理工作,确保赛事的正常进行,由于工作内容不同，因此给赛事组织活动带来的风险也不同，主要表现形式有主观上不负责任，操作不当等。2015年北京某马拉松赛事由于工作人员的失职，误将终点位置的饮用水投放在了中途的水站，致使运动员跑至终点时无水可喝，给赛事造成了严重的影响。（2）志愿者风险。根据赛事的需要，马拉松比赛一般设置医疗志愿者、服务志愿者、外语志愿者等几类，以2016年北京马拉松为例仅志愿者人数就达到了6300余人，因此一个成功的马拉松赛事离不开每一名志愿者的努力工作。相反，若志愿者的服务意识不强、缺乏专业性，甚至中途退出等也会为赛事带来一定风险。（3）裁判员风险。大型的马拉松赛事裁判员一般都会有200人左右，2016年北京马拉松裁判员人数达到了296人。若裁判员的失职、业务能力差、判罚不公等都会直接影响马拉松赛事的顺利进行。在我国的马拉松赛事中，由于裁判员的过失造成风险事件的产生不在少数。2005年北京国际马拉松赛暨十运会马拉松决赛中，由于前导车裁判员在领路时，没有正确引导运动员沿着比赛路线进行，致使获得第一名的男运动员少跑了800米，而就近的检查员也没有坚守岗位、履行职责，当运动员跑近自己岗位时，并未能及时制止，最终给赛事造成了严重的后果和不良影响。

（四）自然气候风险

马拉松赛事一般是在4月、5月，或者9月至12月举行，故而气象值少有极端值出现。然而，比赛中的天气变化常常是难以预测，甚至是一个竞赛过程中的温差、风速等都会有不同变化。天气的难以预测和不可抗拒性给马拉松赛事的组织增加了不确定成分，影响着赛事的安全进行。

1. 极端气温

气温是决定马拉松赛事举办时间的关键因素，《国际田径联合会路跑赛事组织指南》中指出，举办马拉松赛事的理想气温应该在5~15摄氏度。如果当地温度通常都高于15摄氏度，那就要尽量选择温度较低的季节，以及一天中比较凉爽的时间段进行比赛。气温过高或过低都不利于马拉松比赛的正常进行，特别是在炎热的环境中，参赛者出汗过多，容易丧失大量水分和微量元素，如果得不到补充就可能出现脱水现象。高温不仅影响选手的比赛成绩和完赛率，甚至可能间接导致参赛选手猝死。2007年美国芝加哥马拉松猝死事件、2014年昆明半程马拉松猝死事件等都间接与高温天气有关。相反，气温太低也不利于马拉松比赛。1978年我国河南林县举行过一场马拉松比赛，由于气温偏低，导致75%的运动员出现了休克的现象。

2. 空气质量

马拉松是有氧需求量最大的比赛项目，也被公认是雾霾天最不适合进行的运动。近些年来，每当秋冬季节，我国华北地区，特别是京津冀地区雾霾进入高发季，躲避雾霾成为马拉松赛事主办方所考虑的重要内容。2014年北京马拉松在严重雾霾中开跑，而一周之后举行的天津国际马拉松同样也遭遇了重度雾霾，一场雾霾使北马、天马成为了舆论攻击的焦点。为了躲避雾霾，2105年北京马拉松和天津马拉松将比赛改期至雾霾相对较少的九月。

（五）安全保卫风险

1. 参赛选手安检

马拉松比赛参赛人数动辄数万，人员密集，极易成为一些不法分子攻击的目标，因此马拉松比赛选手的入口安检变得尤为重要，从而防止不法分子将危险物品带入到比赛场地中来。2013年美国波士顿马拉松发生爆炸案，致3人死亡，260多人受伤，而爆炸地点正是在比赛的终点附近。这起爆炸事件给百年波马蒙上了阴影，也给之后的马拉松赛事的举办敲响了警钟。此外，严格的入口安检还能防止一些非报名选手"蹭跑"，避免挤占正式参赛选手的资源和发生意外。2014年张家口康保草原国际马拉松一名选手在比赛中猝死，而经主委会核查该选手为非正式参赛选手。因此入口安检是避免风险发生的重要环节。

2. 交通管制及沿途观众管理

马拉松赛道一般采用全程或分时交通管制，直至公布的关门时间。而目前大部分比赛都采用分时段交通管制,这样既能保证马拉松赛事的顺利进行,同时也尽量减小了比赛对当地交通造成的影响。而交通管制不合理必然会对当地交通带来压力。2015年海口马拉松由于对一些主干道路交通管制时间过长,造成城市交通严重瘫痪,引起了市民的严重不满。相反,交通管制不严格也会对比赛造成严重的后果,2016年环巢湖自行车赛由于赛事组织混乱,交通管制不严格,部分路段没有封路,导致一辆三轮车闯入赛道,造成多名选手严重受伤。此外,所有马拉松赛事在赛道上要根据当地实际情况安排相应的安保人员和检查裁判员,交通路口须有警察进行管理,从而保证比赛的顺利进行。2004年雅典奥运会男子马拉松比赛,正是由于赛道周边的安保不利,导致一直遥遥领先的巴西运动员利马在距终点约2公里处被一不明身份、闯入赛道的观众袭击,虽然之后他又重新加入比赛,但由于受到惊吓,且比赛节奏被打乱,最终错失了金牌。

(六)后勤保障风险

大型马拉松赛事后勤保障工作纷繁复杂,各类工作事无巨细,任何一项工作出现纰漏都会影响比赛的顺利进行。

1. 车辆的调度与管理

马拉松赛事需要车辆较多,赛前准备阶段主要有运输物资、运输裁判员和志愿者到各个点位的车辆,赛中有开道车、引导车、电视转播车、媒体车、裁判车,赛后有收容车,等等,对各类车辆的调度与管理则更应该详细规划。而对于一些比赛线路为点到点的赛事,如美国的波士顿马拉松、我国的郑开马拉松,比赛是从一个城市跑至另一个城市,终点远离起点,这种赛道要将赛事资源分布在一条长线上,对比赛物流运输是个极大挑战。而且赛事工作人员、运动员寄存的包都须从起点转移到终点,比赛结束还要将部分运动员、工作人员运输回终点,极大地考验着赛事的运载能力。

2. 电力、电话、网络供应

马拉松赛事和在体育馆里举办的比赛不同,举办地点通常都没有可用的永久性设施或场地,需规划可移动电力、电话、互联网。这些对芯片计时、医疗、赛事管理、通信和体育展示都很关键。需要评估赛事每个后勤保障环节的需求,以避免各种系统超负荷运转。应进行现场测试,避免比赛当天的意外状况。因为比赛当天在终点附近会有大量人员涌入,移动电话、网络由于突发大量需求而瘫痪,本地的电信供应商或赛事合作伙伴应进行评估,确保该区域可以提供充足的服务。2012年我国北方某马拉松赛正是由于赛前未和无线电管理部门沟通,导致比赛当天对讲机信号被屏蔽,赛中裁判各点位均失去联络,幸亏比赛中没有出现任何意外,否则后果将无法弥补。

(七) 医疗救助风险

公元前492年古希腊战士裴里庇第斯将胜利的消息从马拉松镇带回到雅典后突然倒地死亡,可能是国际上已知的最早一例马拉松猝死事件。而2004年北京马拉松发生的两起猝死事件可能是我国自1998年马拉松赛事容许业余群众参赛以来发生的首次猝死事件。除了选手自身的问题外,当年北马赛事救助体系的不够完善也受到社会的广泛诟病。也正是从那届北京马拉松开始,我国的赛事组织者开始重视马拉松赛事的医疗救助。而近几年来随着我国马拉松赛事的快速增长,猝死事件频发,2012—2016年共发生猝死事件15起,其中也存在着大量的救援不力的案例,如救援通道不畅,救护车无法及时到达、医疗救助不专业、赛后医务监督缺失等问题,其中个别赛事也因此付出了惨痛的代价。因此,不断完善医疗救助体系,提高医疗救助水平是我国马拉松赛事竞赛组织工作的重中之重。

四、马拉松赛事竞赛组织风险评估

马拉松赛事风险评估是在风险识别的基础上对赛事可能遇到的每种风险进行定性或定量的分析,并根据风险对赛事目标的影响程度,对赛事风险由大到小分级排序的过程。本文主要采用列表排列法对马拉松赛事的竞赛组织风险进行评估。其具体操作方法为,请专家对各类风险的可能性、严重性和可控性进行评分,评分的标准是采用李克特五点计分法将风险发生的概率分为5个等级，用数字1—5表示，最后再根据这三者的乘值得出不同风险的风险级。风险级别越大，表示这种风险越大，越应引起重视，制定相应的应对措施。

本研究请15位从事马拉松竞赛组织管理及体育赛事风险管理方面的专家和学者进行评分，由他们对所确定的风险指标的可能性、严重性及可控性进行评分并取其均值，然后将风险指标各维度的等级评分均值进行相乘，即可得到该指标的风险综合值（见表2）。从风险综合值可以看出，选手服务风险排在了首位，其主要原因是马拉松赛事参赛人数众多，特别是一些大型马拉松赛事动辄数万人参赛，再加之我国马拉松运动刚刚兴起，处于初级发展阶段，很多参赛选手对马拉松运动的训练知识、参赛知识了解甚少，而赶时尚、跟风参赛者居多，这就为马拉松风险事件的发生埋下了隐患。因此在竞赛组织过程中，要以参赛选手为本，注重每一个环节，保证选手安全参赛。此外，在引发马拉松竞赛组织风险的诸风险要素中安全保卫和医疗救助的综合评分比较高，其发生概率较高而且危害程度也较大，赛事管理者有必要针对这些风险因素进行重点监控和管理，从而有效地预防风险事件的发生，保证赛事的顺利进行。

表2　马拉松赛事竞赛组织风险评估结果

风险类型	可能性	严重性	可控性	风险级	排序
后勤保障风险	3	4	3	36	4
选手服务风险	4	5	4	80	1
人员管理风险	3	3	2	18	6
场地设施风险	1	3	2	6	7
自然气候风险	3	2	5	30	5
安全保卫风险	3	5	4	60	2
医疗救助风险	4	4	3	48	3

五、结束语

随着我国马拉松赛事审批制度的取消，办赛主体不断多元化，除了体育部门之外，企业、事业单位、学校、体育俱乐部等社会团体都加入到了办赛的队伍当中，各类商业性赛事如雨后春笋，遍布大江南北。而正是由于马拉松赛事的快速发展，行业规范不够健全，在竞赛组织过程中出现了许多问题，各类风险事件时有发生，严重阻碍了我国马拉松赛事健康有序的发展，因此对马拉松竞赛组织风险进行研究，有助于规避或降低风险损失，提高马拉松赛事风险管理水平。马拉松赛事竞赛组织风险主要包括后勤保障风险、选手服务风险、人员管理风险、场地设施风险、自然气候风险、安全保卫风险、医疗救助风险等七大类。运用列表排列法对这七类风险评估可知，选手服务风险、安全保卫风险及医疗救助风险的风险级别较高，赛事管理者有必要针对这些风险因素进行重点监控和管理，从而有效地预防风险事件的发生，保证赛事的顺利进行。

我国大型马拉松赛事风险评估指标体系的构建

近几年来，我国马拉松运动发展迅速，不论在赛事数量还是参赛人数方面都呈现出几何式的增长，"井喷"成为媒体形容我国马拉松运动发展现状必用的关键词，马拉松已经成为最受我国广大民众欢迎、最具影响力的体育品牌赛事，有力地推动了体育强国和健康中国建设，为贯彻落实十九大报告中提出的"广泛开展全民健身活动，加快推进体育强国建设"起到了积极的推动作用。然而，在我国马拉松运动繁华的背后，却是日益放大的风险，由于我国马拉松运动尚处于初级发展阶段，行业规范不够健全，赛事运作管理经验不足，选手科学参赛意识不强等，各类风险事件时有发生，引起了社会各界的广泛关注。因此，如何在赛事的组织和举办过程中认识风险、规避风险或尽量减少风险带来的损失是当前我国马拉松赛事组织者首要解决的问题。但就目前而言，我国的马拉松赛事组织者对赛事风险的理解在一定程度上还停留在感性认识和经验回避的基础上，缺乏对赛事系统、科学、全面的风险评估，难免会出现漏洞，造成无法挽回的损失。而科学、有效的风险评估关键在于系统、全面地选择评估指标、构建完善的风险评估指标体系。目前国内关于大型体育赛事风险管理的研究较多，部分学者从不同的角度构建了大型体育赛事风险评估指标体系，但总体来看大部分指标体系都过于空洞，难以应用于实际，特别是对于马拉松赛事来说则更不适用，必须结合赛事的项目属性，使指标体系的所有观测点内容能够全面地反应马拉松赛事的风险特征，提高指标体系的适用水平。基于此，本研究拟运用特尔菲法构建马拉松赛事风险评估指标体系，以满足当前马拉松赛事风险评估的实践需求。

一、研究方法

本研究采用了文献资料法、专家访谈法、德尔菲法、层次分析法等方法，其中德尔菲法是本文构建我国大型马拉松赛事风险评估指标体系最主要的研究方法。根据德尔菲法研究的需要，本文共遴选出13位专家，其来源主要包括：第一，大型马拉松赛事总管，参与过5次以上且规模在万人以上的马拉松赛事裁判工作，并具有一定的学术背景；第二，体育赛事风险管理领域的专家、学者；第三，体育行政管理部门分管马拉松赛事的主要负责人；第四，体育赛事运营公司负责人。请上述专家从重要性和可操作性两个方面对初步构建的指标进行筛选，经过数轮咨询，最终筛选出专家高度认同指标。

二、马拉松赛事风险评估指标体系的建立

（一）第一轮专家调查问卷的形成

第1轮专家调查问卷是在对马拉松赛事进行全面、系统的风险识别的基础上而建立的。本研究具体的风险识别过程主要分为以下几个阶段：首先，对部分马拉松赛事进行实地调研，获取相关赛事的运行管理方案及风险预案；咨询中国田协相关工作人员，了解目前我国马拉松赛事中普遍存在的风险隐患以及未经媒体报道的风险事件，并对中国田协颁布的《中国马拉松及相关运动赛事组织标准》进行了深入研究；走访风险管理专家，探讨部分马拉松赛事的风险来源及风险因素向风险事件转换的条件……通过多种渠道收集关于马拉松赛事方面的风险数据与信息，并对这些数据和信息进行整理归类。其次，在收集了足够的风险资料和信息后，通过不同的方法和不同的视角对马拉松赛事进行风险识别。风险识别的方法较多，本研究主要采用了风险检查表法、专家访谈法、事故树分析法等对马拉松赛事中客观存在的、尚未发生的潜在风险因素进行识别。此外，多角度的风险识别可以避免风险的遗漏，本研究采用了时间和管理投入要素两个角度进行识别。首先从时间角度入手，对马拉松赛事的前期策划、赛前筹

备、赛中运行等阶段的风险隐患进行梳理，其次从赛事管理投入要素的角度，即人力、财力、物力三个方面进行分析，确保了风险识别信息的完整性。最后，在全面、系统风险识别的基础上，对马拉松赛事举办各环节中可能存在的风险因素进行鉴别与分类，并反复征询专家意见，初步形成了由 7 个一级指标，23 个二级指标、57 个三级指标组成的马拉松赛事风险评估指标体系（见表2）。

表 2　我国马拉松赛事风险评估指标体系（第一轮）一览表

一级指标	二级指标	三级指标
A1 前期策划	B1 赛事日程安排	C1 历史同期气象条件
		C2 同期是否有大型活动
	B2 起、终点规划	C3 起终点区域的人均有效使用面积
		C4 集结区选手人均面积
	B3 赛道规划	C5 赛道最窄处宽度
		C6 出发直段距离
		C7 冲刺直段距离
A2 选手组织	B4 参赛资格审查	C8 参赛选手最低年龄
		C9 审核选手的体检报告
	B5 风险提示与防范	C10 为选手购买人身意外险
		C11 选手签署风险告知、法律责任等参赛声明
	B6 赛前集结	C12 严格进行安检与检录
		C13 按项目或以往完赛成绩进行分区集结
A3 物力保障	B7 固定物的搭建	C14 出发标志物的搭建高度
		C15 第三方对搭建物进行质检
	B8 隔离的设置	C16 赛道沿途各路口采用硬隔离封路
		C17 繁华路段两侧设置硬隔离
		C18 选手集结区采用硬质隔离围挡
	B9 标识设置	C19 起终点标识高度
		C20 赛道标识高度
	B10 卫生间分布	C21 参赛人数与起点卫生间数量比例

续表

一级指标	二级指标	三级指标
		C22 参赛人数与终点卫生间数量比例
		C23 参赛人数与赛道沿途卫生间数量比例
	B11 补给供应	C24 赛道沿途饮/用水站点数量
		C25 赛道沿途饮料站点数量
		C26 各站点人均水量
A4 人力保障	B12 裁判员管理	C27 竞赛核心岗位裁判员执裁马拉松经验
		C28 竞赛核心岗位裁判员等级
		C29 裁判员赛前进行严格培训与演练
	B13 工作人员管理	C30 明确各部门的工作职责，并责任到人
		C31 明确完成各项工作的时间节点及质量标准
	B14 志愿者管理	C32 志愿者实际需求人数与实际招募人数比例
		C33 赛道检查志愿者的数量
		C34 赛前对志愿者进行培训与演练
A5 财力保障	B15 资金筹集与预算	C35 运营资金已到位，并留有备用资金
		C36 明确各项工作的开支标准
	B16 支出管理	C37 严格按照预算内容、开支标准及用款计划执行
A6 交通保障	B17 赛事车辆运行保障	C38 赛前组织前导车辆驾驶员熟悉比赛路线
		C39 详细规划各类车辆的行进路线及停靠位置
		C40 制作各类车辆的通行证件
	B18 选手交通保障	C41 详细规划选手的抵离路线
		C42 为选手调配公共交通运输
A7 组织协作	B19 赛事安保	C43 安保人员数量与参赛人数比例
		C44 赛道沿途各路口均有安保人员值守
		C45 起终点各区域入口均有安保人员驻守
	B20 医疗救助	C46 赛道医疗站点的数量
		C47 赛道救护车数量
		C48 除颤仪的配备数量

续表

一级指标	二级指标	三级指标
		C49 赛前对医疗志愿者进行培训与考核
	B21 电力及通信保障	C50 配有备用电源车并有专人值守
		C51 赛前向无线电管理部门报备
		C52 起终点附件增设应急通信车
	B22 媒体报道	C53 为媒体记者预留工作区域及通讯服务
		C54 为媒体提供快速、及时的官方信息
	B23 外包服务	C55 供应商具有相关的专业资质
		C56 在合同中明确服务标准及完成时间节点
		C57 供应商具有服务同级别赛事的经验

（二）专家咨询结果分析

在第一轮专家调查问卷形成的基础上（见表2），本研究采用德尔菲法对指标进行筛选和构建，其主要方法是邀请专家从重要性和可操作性2个方面对各级指标进行5级评分，并将重要性分为"重要""较重要""一般""较不重要""不重要"，分别赋值9、7、5、3、1，另将可操作性分为"很好""较好""一般""较差""很差"，同样赋予9、7、5、3、1分值。待专家反馈问卷后，分别计算各级指标的算数平均数和变异系数，用算数平均数来表示专家对各项指标意见的"集中度"，用变异系数来表示专家对各项指标意见的"协调度"，变异系数越小，表示专家对各项指标意见的协调度高。入选指标的统计学标准为：（1）指标的变异系数小于0.25（一般认为变异系数大于或等于0.25，表示专家协调程度不高）；（2）所选指标的平均得分在6.3分以上（达到最高分的70%）。最后，结合开放式的修改意见对指标进行筛选与修正。

1. 第一轮专家咨询结果

通过第一轮专家调查结果显示（见表3），7项一级指标重要性和可操作性的意见集中度均比较高，且变异系数均符合指标入选的要求，并且在开放式问卷中专家也未对7项一级指标提出不同的意见。因此，前期设定的一级指标能够较科学地对我国大型马拉松赛事潜在的风险进行评估，一级指标全部保留。

表3 一级指标意见集中度和变异系数一览表（第一轮）

	重要性		可操作性		处理结果
	平均数	变异系数	平均数	变异系数	
前期策划	8.0	0.17	7.3	0.16	保留
选手组织	8.3	0.12	7.0	0.17	保留
物力保障	8.3	0.12	8.5	0.11	保留
人力保障	8.2	0.16	8.0	0.17	保留
财力保障	8.5	0.11	7.8	0.17	保留
交通保障	8.7	0.09	8.0	0.17	保留
组织协作	8.5	0.15	7.8	0.23	保留

二级指标调研数据分析可知，"媒体报道"指标在"可操作性"方面的意见集中度为6.1，未能达到入选要求，且变异系数为0.18，说明专家的意见协调度比较高。在随后的访谈中了解到，该指标未能入选的主要原因是专家普遍认为目前自媒体比较发达，负面报道所产生的风险则很难控制，因此可操作性不强，未能入选。此外，其余22项二级指标的重要性和可操作性均符合入选要求，但在开放式问卷中有专家指出：马拉松比赛中存在各种人力难以控制的因素，极易造成人、财、物的损失，缺少相关的保险本来就是一种风险隐患，建议增加相关的指标。

三级指标调查结果分析可知，"第三方对搭建物进行质检"一项指标在"可操作性"方面未达到入选的要求，且专家意见比较一致，变异系数小于0.25。其次，"参赛人数与终点卫生间数量比例"指标在"重要性"方面的意见集中度为5.8，变异系数为0.15，专家意见比较一致，同样未能入选。在开放式问卷中，某专家提出"为选手购买人身意外保险"这项指标并不够完整，应包括猝死险，因为猝死并不包含在人身意外保险所保障的范围内。另有专家指出应在"参赛资格审查"二级指标下增加对选手不良参赛记录审查,因为在马拉松比赛中,常有选手的不良行为见诸报端,而这些选手的不良行为都会为赛事带来不良影响甚至引发风险事件。此外,还有专家建议将"标识高度"改为"标识核心内容最低高度"。

2. 第二轮专家咨询结果

通过对第1轮专家调查结果的统计分析及文献资料的再次查询,确定了第2轮专家调查问卷并反馈给专家,再次从指标的重要性和可操作性两个方面进行评分。最终的调查结果显示,7项一级指标、23项二级指标及56项三级指标的重要性和可操作性的平均得分均在7.5分以上,得到专家的肯定,且变异系数均在0.17以下,最终确立了马拉松赛事风险评估指标体系(见表4)。

表4　最终确立的我国马拉松赛事风险评估指标体系一览表

一级指标	二级指标	三级指标
A1 前期策划	B1 赛事日程安排	C1 历史同期气象条件
		C2 同期是否有大型活动
	B2 起、终点规划	C3 起终点区域的人均有效使用面积
		C4 集结区选手人均面积
	B3 赛道规划	C5 赛道最窄处宽度
		C6 出发直段距离
		C7 冲刺直段距离
A2 选手组织	B4 参赛资格审查	C8 参赛选手最低年龄
		C9 审核选手的体检报告
		C10 审核选手的不良参赛记录
	B5 参赛风险提示与防范	C11 为选手购买人身意外险及猝死险
		C12 选手签署风险告知、法律责任等参赛声明
	B6 赛前集结	C13 严格进行安检与检录
		C14 按项目或以往完赛成绩进行分区集结

续表4

一级指标	二级指标	三级指标
A3 物力保障	B7 固定物的搭建	C15 出发标志物的搭建高度
	B8 隔离的设置	C16 赛道沿途各路口采用硬隔离封路
		C17 繁华路段两侧设置硬质隔离
		C18 选手集结区采用硬质隔离围挡
	B9 标识设置	C19 起终点标识核心内容最低高度
		C20 赛道标识核心内容最低高度
	B10 卫生间分布	C21 参赛人数与起点卫生间数量比例
		C22 参赛人数与赛道沿途卫生间数量比例
	B11 补给供应	C23 赛道沿途饮/用水站点数量
		C24 赛道沿途饮料站点数量
		C25 各站点人均水量
A4 人力保障	B12 裁判员管理	C26 竞赛核心岗位裁判员执裁马拉松经验
		C27 竞赛核心岗位裁判员等级
		C28 裁判员赛前进行严格培训与演练
	B13 工作人员管理	C29 明确各部门的工作职责，并责任到人
		C30 明确完成各项工作的时间节点及质量标准
	B14 志愿者管理	C31 志愿者实际需求人数与实际招募人数比例
		C32 赛道检查志愿者的数量
		C33 赛前对志愿者进行培训与演练
A5 财力保障	B15 资金筹集与预算	C34 运营资金已到位，并留有备用资金
		C35 明确各项工作的开支标准
	B16 支出管理	C36 严格按照预算内容、开支标准及用款计划执行
	B17 赛事保险	C37 购买赛事取消险
		C38 购买公共责任险

续表 4

一级指标	二级指标	三级指标
A6 交通保障	B18 赛事车辆运行保障	C39 赛前组织前导车辆驾驶员熟悉比赛路线
		C40 详细规划各类车辆的行进路线及停靠位置
		C41 制作各类车辆的通行证件
	B19 选手交通保障	C42 详细规划选手的抵离路线
		C43 为选手调配公共交通运输
A7 组织协作	B20 赛事安保	C44 安保人员数量与参赛人数比例
		C45 赛道沿途各路口均有安保人员值守
		C46 起终点各区域入口均有安保人员驻守
	B21 医疗救助	C47 赛道医疗站点的数量
		C48 赛道救护车数量
		C49 除颤仪的配备数量
		C50 赛前对医疗志愿者进行培训与考核
	B22 电力及通信保障	C51 配有备用电源车并有专人值守
		C52 赛前向无线电管理部门报备
		C53 起终点附件增设应急通信车
	B23 外包服务	C54 供应商具有相关的专业资质
		C55 在合同中明确服务标准及完成时间节点
		C56 供应商具有服务同级别赛事的经验

（三）我国马拉松赛事风险评估指标体系指标具体释义

1. 前期策划

（1）赛事日程安排。确定一项马拉松赛事的比赛日程首先考虑的因素是当地同期历史气象条件，如温度、湿度、降雨概率等，《国际田联路跑赛事指南》中提出最佳的马拉松比赛温度为 5~15 度。此外，比赛同期当地是否有其他大型文体活动、政治会议、大型考试等也是前期日程安排考虑的重要因素。

（2）起终点规划。在确定赛事规模的基础上，要对起终点进行规划，不同的赛事规模所需的起终点面积有所不同，国际田联规定白金标赛事起终点面积至少应为人均4平方米,而对于一般赛事至少应保证人均3.25平方米,从而保证起、终点区域不至于过分拥挤;而选手集结区至少应保证每人0.4平方米,若集结区人员过于密集,起跑时会存在踩踏风险。

(3)赛道规划。马拉松赛道规划需要考虑赛道的宽度、转弯、坡度、路面状况、沿途风景地标、对当地交通的影响等诸多因素,尤其是赛道的宽度不得少于6米,从而保证赛道的通畅,避免拥堵。

2. 选手组织

大型马拉松赛事参赛选手动辄上万,选手组织工作纷繁复杂,事无巨细,从报名开始对选手的参赛资格进行审查,包括年龄、身体状况、参赛经历、不良记录等,确保选手具有参加马拉松比赛的身体条件和资格,减小赛中发生风险的概率。但由于部分选手风险意识不强,赛事组织者必须加强对选手的风险提示,通过赛前网络信息提示、赛中的标识提示以及签署风险告知书等多种形式,全方位多角度地提高选手的风险意识,并在此基础上为选手购买保险,以减轻意外发生后选手的损失;此外,大型马拉松赛事由于参赛选手较多,到达起点的时间又相对集中,赛前严格的安检与检录、有序的存物、按规定进入相应的集结区等候出发等都是赛前集结的重要环节,每一环节出现纰漏都会导致整个赛事的混乱,甚至引发伤亡事故。

3. 物力保障

(1)固定物的搭建。马拉松赛事以城市的公路为赛道,举办地点通常都没有可用的永久性设施或场地,需要临时进行搭建,如起跑出发拱门、各类功能房、现场展示舞台等,这些临时性固定物都需要具有资质的专业厂商进行搭建,否则将存在风险隐患,特别是出发拱门的高度、宽度、防风等级等指标都应该符合相关的行业标准。

(2)隔离的设置。硬质隔离是保障赛事安全进行的关键,是实行交通管制和封闭赛道的重要保障。大型马拉松赛事在赛道沿途各路口、繁华路段两侧、集结区等位置都必须采用硬质隔离,从而保障赛事的安全有序。

(3) 标识设置。马拉松赛事需要有大量的标识进行方向、区域、位置的指引，从而指引选手进行集结、存取物、补给、如厕、医疗、跑进等，保证起终点各功能区域人员的流线合理，赛道中的跑进方向清晰。

(4) 卫生间布局。对于万人以上的大型马拉松赛事，不同位置的厕所数量要与参赛人数成一定的比例，尤其是起点位置和赛道前5公里，厕所数量必须充足，否则会影响赛事的有序进行和选手的参赛体验。

(5) 补给供应。马拉松运动极易消耗人体大量的水和其他能量物质，若不及时补充，严重者可能危及生命安全。国际田联规定赛道沿途每5公里设有饮料站，且每两个饮料站之间设有水站，且每个站点至少应供应250ml以上的水量，从而来保证选手能量补充。

4. 人力保障

人力保障是赛事组织的核心，由于管理上的不善和制度上的缺陷容易给赛事带来风险。

(1) 裁判员管理。赛前裁判员的选拔、培训、熟悉赛道、演练等都是赛事顺利进行的重要条件，在以往马拉松比赛中由于裁判员的失职、业务能力差、经验不足等引发的风险事件也屡见报端。

(2) 志愿者管理。我国马拉松赛事志愿者主要是从当地高校定向招募大学生为主，特别是医疗志愿者更是如此。定向招募有利于对志愿者进行集中管理，但由于部分学生并非自愿参与，容易出现缺勤、工作不积极等情况，易给赛事带来风险。

(3) 工作人员管理。目前大部分赛事都将管理机构分为赛事运营部、公共活动部、市场开发部、财务部等部门，并由赛事总监明确各部门的工作职责、任务、完成时间、质量标准等，再由各部门逐级分解任务，并责任到人。

5. 财力保障

(1) 资金筹集。马拉松赛事运作管理部门根据赛事运作的需要，通过筹资渠道与资本市场，运用筹资方式有效地筹集赛事运作所需资金。

目前国内马拉松赛事的资金筹集主要还是依靠政府拨款和企业赞助为主，报名费和附属产品的开发仅占很小一部分，资金来源比较单一，因此运营经费的到位情况，以及备用经费的预留情况都决定了赛事能否正常运行。

（2）支出管理。在赛事运营过程中，必须严格按照预算内容、开支标准及用款计划执行，并对资金的收入、支出、占用、耗费进行日常的核算，从而规避由于财务问题而引发的风险。

（3）赛事保险。在赛事的筹办过程中，由于存在各种人力难以控制的因素，很多风险是难以避免的，为了保证赛事效益的最大化，赛事运营方有必要购买相关的赛事保险，以减少风险发生后相关的财产损失。在以往的国内外马拉松赛事中，由于天气、运营经费及与其他大型活动冲突等因素影响而导致赛事被迫取消的案例也时有发生。

6. 交通保障

马拉松赛事的举办会涉及大量的人流与物流，而人流与物流的移动效率直接关系到赛事的质量。

（1）选手交通保障。由于马拉松赛事参赛选手众多，赛事主办方需要在赛事规划阶段就充分考虑本地的交通服务软硬件状况，为当地选手及外地选手合理的规划公共交通运输路线及停靠位置（包括停车场位置），增加比赛当天起终点附近的交通运力，保障选手抵离的便捷。

（2）赛事车辆管理。马拉松赛事车辆众多，大致可分为人员物资投放车辆、前导车辆、救助收容车辆三大类，赛前需要对各类车辆的行进路线、停靠位置进行详细的规划，并制作各类车辆的通行证件，规定各类车辆的通行区域与时间，保证比赛的顺利进行。

7. 组织协作

（1）赛事安保。组委会应与地方安保部门共同协商制定赛事安全保卫方案、交通管制方案、突发事件应急处置预案及落实工作，确保比赛期间赛道沿途各路口及起终点区域各出入口均有安保人员值守，确保无关人员和车辆不得随意进入竞赛区域。

（2）医疗救助。医疗卫生部门与组委会共同制定医疗救护方案，并选派具有急救经验的医生、护士参与医疗救助工作，并为医疗志愿者进行培训与考核，确保医疗救助力量的充足。此外，医疗急救设备的充足也是选手安全参赛的保障，赛道沿途每2.5公里应配备一辆救护车，每1.5公里应配备一台除颤仪，确保第一时间对发生意外的选手实施救助。

（3）电力及通信保障。马拉松比赛期间，各工作区域都需要稳定、可靠的电力保障，如现场展示、计时计分、电视转播等，需要电力部门对供电设施进行周密的调试、改造与维护，并配备应急电源车，确保发生意外停电时，做到快速切换。

（4）外包服务。马拉松赛事需要大量的供应商来为赛事提供服务，包括现场搭建、景观设计、计时计分、物资运输、印刷制作等工作，组委会在招标意向书中应明确规定供应商必须具有相关的专业资质，并获取相关公司的成立时间、经验、规模、过去和现在的客户等信息，还应明确服务的评价标准及时间节点，保障赛事的顺利进行。

（四）权重的确定

指标权重是否合理在很大程度上影响评价的科学性和正确性，本研究将采用层次分析法（AHP）确定指标权重。根据德尔菲法第2轮确定的指标体系，向13位专家学者发放了指标体系赋权两两判别调查表，共回收12份，且全部有效。对这12份问卷进行统计分析，计算出12位专家对指标体系中各个指标的权重值，以算数平均数的计算方式，统计得出各个指标的几何平均权重值，最终确定我国大型马拉松赛事风险评估指标体系的权重（见表5）。

表5的研究结果表明，排在前三位的风险指标分别是前期策划、人力保障、组织协作，其中前期策划权重系数最高，人力保障次之，组织协作最低，三大类指标占到总权重的67.05%，是我国马拉松赛事风险评估体系的关键环节，在马拉松赛事的筹备过程中应格外重视。

表5 我国马拉松赛事风险评估指标体系各指标权重一览表

一级指标	二级指标	三级指标
A1 前期策划（0.2604）	B1 赛事日程安排（0.4601）	C1 历史同期气象条件（0.5972）
		C2 同期是否有大型活动（0.4028）
	B2 起、终点规划（0.2134）	C3 起终点区域的人均有效使用面积（0.3442）
		C4 集结区选手人均面积（0.6558）
	B3 赛道规划（0.3265）	C5 赛道最窄处宽度（0.5935）
		C6 出发直段距离（0.3232）
		C7 冲刺直段距离（0.0833）
A2 选手组织（0.1189）	B4 参赛资格审查（0.4449）	C8 参赛选手最低年龄（0.2804）
		C9 审核选手的体检报告（0.5336）
		C10 审核选手的不良参赛记录（0.1860）
	B5 参赛风险提示与防范（0.2252）	C11 为选手购买人身意外险及猝死险（0.7343）
		C12 选手签署风险告知、法律责任等参赛声明（0.2657）
	B6 赛前集结（0.3299）	C13 严格进行安检与检录（0.7946）
		C14 按项目或以往完赛成绩进行分区集结（0.2054）
A3 物力保障（0.0631）	B7 固定物的搭建（0.1053）	C15 出发标志物的搭建高度（1.0000）
	B8 隔离的设置（0.4971）	C16 赛道沿途各路口采用硬隔离封路（0.3285）
		C17 繁华路段两侧设置硬质隔离（0.2012）
		C18 选手集结区采用硬质隔离围挡（0.4703）

续表 4

一级指标	二级指标	三级指标
	B9 标识设置（0.1253）	C19 起终点标识核心内容最低高度（0.6351）
		C20 赛道标识核心内容最低高度（0.3649）
	B10 卫生间分布（0.0469）	C21 参赛人数与起点卫生间数量比例（0.7754）
		C22 参赛人数与赛道沿途卫生间数量比例（0.2247）
	B11 补给供应（0.2254）	C23 赛道沿途饮/用水站点数量（0.3454）
		C24 赛道沿途饮料站点数量（0.2031）
		C25 各站点人均水量（0.4515）
A4 人力保障（0.2589）	B12 裁判员管理（0.3132）	C26 竞赛核心岗位裁判员执裁马拉松经验（0.2665）
		C27 竞赛核心岗位裁判员等级（0.1932）
		C28 裁判员赛前进行严格培训与演练（0.5403）
	B13 工作人员管理（0.5035）	C29 明确各部门的工作职责，并责任到人（0.5017）
		C30 明确完成各项工作的时间节点及质量标准（0.4983）
	B14 志愿者管理（0.1833）	C31 志愿者实际需求人数与实际招募人数比例（0.3138）
		C32 赛道检查志愿者的数量（0.1832）

续表 4

一级指标	二级指标	三级指标
		C33 赛前对志愿者进行培训与演练（0.5030）
A5 财力保障（0.0912）	B15 资金筹集与预算（0.5235）	C34 运营资金已到位,并留有备用资金（0.7032）
		C35 明确各项工作的开支标准（0.2968）
	B16 支出管理（0.2932）	C36 严格按照预算内容、开支标准及用款计划执行（1.0000）
	B17 赛事保险（0.1833）	C37 购买赛事取消险（0.6876）
		C38 购买公共责任险（0.3124）
A6 交通保障（0.0562）	B18 赛事车辆运行保障（0.6465）	C39 赛前组织前导车辆驾驶员熟悉比赛路线（0.3263）
		C40 详细规划各类车辆的行进路线及停靠位置（0.4523）
		C41 制作各类车辆的通行证件（0.2214）
	B19 选手交通保障（0.3535）	C42 详细规划选手的抵离路线（0.7056）
		C43 为选手调配公共交通运输（0.2944）
A7 组织协作（0.1513）	B20 赛事安保（0.4826）	C44 安保人员数量与参赛人数比例（0.5346）
		C45 赛道沿途各路口均有安保人员值守（0.2413）
		C46 起终点各区域入口均有安保人员驻守（0.2241）

续表 4

一级指标	二级指标	三级指标
	B21 医疗救助（0.2939）	C47 赛道医疗站点的数量（0.0932）
		C48 赛道救护车数量（0.1934）
		C49 除颤仪的配备数量（0.5402）
		C50 赛前对医疗志愿者进行培训与考核（0.1732）
	B22 电力及通信保障（0.0967）	C51 配有备用电源车并有专人值守（0.4224）
		C52 赛前向无线电管理部门报备（0.2344）
		C53 起终点附件增设应急通信车（0.3431）
	B23 外包服务（0.1267）	C54 供应商具有相关的专业资质（0.1854）
		C55 在合同中明确服务标准及完成时间节点（0.3105）
		C56 供应商具有服务同级别赛事的经验（0.5041）

三、分析与讨论

近年来，我国马拉松赛事风险事件频发，究其原因，与城市马拉松本身的项目特征及赛事组织者的管理经验有着直接的关系。在项目本身特征方面，城市马拉松属于大众参与型赛事，参赛人数众多，目前我国各大省会城市的马拉松赛事参赛人数均在 5000 人以上，而对于一些"双金"赛事来说，参赛人数均达到数万人，对赛事的组织与管理提出了很高的要求，必须从安检、存物、检录，再到集结、起跑、分流等都应做到井然有序，避免出现混乱。其次，参赛选手中 99% 以上的选手均为业余选手，很多选手都缺少参赛经验,对参赛风险缺少认识,这也是近些年猝死事件频发的重要原因;第三,马拉松赛事以城市的公路作为赛道,全程马拉松赛道长度达42.195公里,赛道管理需要投入大量的人力、物力,特别是赛道的路线设计、沿途封闭管理、交通的疏导、人员物资运输等都需要进行详细的规划;最后,由于马拉松赛道的开放性,选手的安全参赛易受到天气变化的影响,如高温、高湿、雾霾、雷雨等恶劣天气都不适合举办马拉松赛事。介于上述城市马拉松赛事独有的项目特征,使得赛事组织管理变得极其复杂,需要城市的各个管理部门的默契配合,如安保、医疗、交通、电力、通信、气象、环卫、宣传等数十个管理部门,其中任何一个环节出现问题,都会给赛事带来极大的风险,影响赛事的顺利进行。因此,马拉松赛事风险指标体系的构建不仅要包括运作管理过程中人力、物力、财力等方面可能存在的风险因素,还要对赛事筹备与举行过程中的各个环节进行梳理,特别是要结合马拉松赛事的项目特征,全面系统地对赛事风险因素进行识别,避免重要风险因素的遗漏。并在综合考量下,对各项风险因素指标进行一一甄别与梳理,确保所选取的指标具有一定的代表性与全面性。因此,将风险指标体系引入马拉松赛事中,提高赛事组织者的风险意识和准确识别风险的能力,建立风险预警机制,对于有效地规避和化解风险,成功运作赛事,具有积极的理论和现实意义。

四、结论

在对马拉松赛事进行全面、系统的风险识别的基础上,建立了首轮专家调查问卷,并经过两轮德尔菲法专家咨询,吸取了专家的建议,对指标体系进行了相应的修改和完善,最终确立了前期策划、选手组织、物力保障、人力保障、财力保障、交通保障、组织协作7个一级指标、23个二级指标以及56个三级指标,构成了"我国大型马拉松赛事风险评估指标体系"。同时,采用层次分析法,确定了上述各层次各指标的权重集合,提示了各类指标在综合能力上的重要程度。本研究属基础性研究工作,所取得的研究成果尚有较大的优化余地,特别是随着我国马拉松运动的不断发展,一些新的、未知的风险可能会不断出现,需要对指标体系进行不断的修改与完善,并通过实际的评估操作予以验证。

城市马拉松赛事组织管理篇

基于事故树分析法的
我国马拉松大众选手猝死风险研究

随着国务院《关于加快发展体育产业促进体育消费的若干意见》的颁布以及中国田径协会对马拉松赛事审批制度的取消，2015、2016、2017年连续三年我国的马拉松赛事呈现出爆发式增长，而且这一趋势仍在继续，不断掀起全民健身的高潮。但随着马拉松赛事场次和参数人数的不断增加，一些不可预知的、不可避免的风险也随之增多，特别是近两年来连续发生的猝死事件，给我们的办赛热潮敲响了警钟，防猝死工作也成为我国马拉松赛事未来发展的首要任务。为此，本文在收集和整理我国马拉松赛事猝死案例及走访中国田协相关工作人员的基础上，对马拉松猝死事件的诱发因素进行了逐层深入的分析，并基于事故树理论建立马拉松猝死事故树模型，找出发生猝死事件的主要原因，进而提出相应的防控策略，为促进我国马拉松赛事健康有序的发展提供有益的理论支持。

一、事故树分析法

事故树分析法（ATA）起源于故障树分析法（FTA），是安全系统工程的重要分析方法之一，是一种演绎的安全系统分析方法。该方法主要是从顶上事件（可能发生的事故）开始，层层分析其发生的原因，直到找出事故的基本原因（底事件）为止，并分析这些事故原因之间的相互逻辑关系，用逻辑树图把这些原因以及它们的逻辑关系表示出来。目前该方法主要应用于各种生产的安全管理可靠性分析和伤亡事故分析等领域中，而在体育研究领域中运用较少。通过文献检索发现仅有王迪迪在《浅谈事故树分析在学校体育安全风险管理中的应用》一文中运用事故树分析法对学校体育安全进行了风险识别,而在其他体育学术研究中该方法运用较少,虽在个别文献中略有提及,但并未进行深入分析。

二、结果与分析

(一)马拉松猝死事件事故树的建立

长期以来,猝死事件一直困扰着马拉松赛事的组织者,并受到国内外媒体的广泛关注。而公元前492年古希腊战士裴里庇第斯将胜利的消息从马拉松镇带回到雅典后突然倒地死亡,可能是国际上已知的最早一例马拉松猝死事件。在我国官方媒体的报道中,从1981年至今(截至2017年8月)我国(大陆境内)共发生了19起马拉松猝死事件(见表1),其中2004年北京马拉松发生的猝死事件为国内首次,也是我国准许普通大众参加全程马拉松以来发生的首起猝死事件。而纵观这19起猝死事件,大部分都是集中爆发在2014—2017年,共发生了13起,占到了总数的68%,这与近几年来我国马拉松赛事场次和参赛人数快速增长有着必然的联系,防猝死也成为我国马拉松赛事组织者最为关注的问题。而相比国外马拉松赛事,也存在着同样的问题,以世界马拉松六大满贯赛事为例,除东京马拉松外(办赛仅10年),均发生过多起猝死事件,其中伦敦马拉松为六大满贯赛事中猝死频率最高的赛事,自1980年创办以来,共发生了12起猝死事件;柏林马拉松办赛40多年来共发生5起……,因此,不论赛事级别高低,防猝死是中外马拉松赛事组织者共同亟待解决的难题。

就我国马拉松猝死事件而言,通过对表1的深入分析,我们可以从中发现一些共同之处:一是19名猝死者中几乎都是男性,仅有一名女性跑者;二是猝死者年龄大部分都分布在19—35岁,占到了全部猝死者的79%;三是19名猝死者参加的项目多为半程马拉松,仅有3起事件是在全程马拉松比赛中发生;四是猝死发生的位置多为终点附近。通过对上述四点的综合分析,我们可以简单地推断出马拉松猝死发生的原因:(1)青壮年男子身体素质较好,平时都爱好体育运动;(2)喜欢追赶时尚,对我国刚刚兴起的马拉松运动并无太多的了解与认识;(3)平时缺乏相关训练,

表1 2004—2017年我国大陆境内马拉松猝死事件统计表（截至2017年8月）

时间	赛事	性别	年龄	项目	位置
2017年	银川国际马拉松赛	男	33	半程	约18公里
2016年	杨凌农科城国际马拉松	男	30	全程	约41公里
2016年	厦门国际半程马拉松	男	32	半程	约18公里
2016年	厦门国际半程马拉松	男	29	半程	终点后
2016年	德兴铜矿马拉松	男	52	10公里	终点前
2015年	深圳马拉松	男	33	半程	终点前
2015年	合肥马拉松	男	30	半程	终点前
2015年	福州马拉松	男	40	半程	约10公里
2015年	上饶半程马拉松	男	20	半程	终点后
2014年	苏州金鸡湖马拉松	女	25	半程	约18公里
2014年	昆明半程马拉松	男	21	半程	约16公里
2014年	张家口马拉松	男	50	半程	约18公里
2014年	珠海半程马拉松	男	30	半程	终点前
2012年	广州马拉松	男	25	5公里	终点前
2012年	广州马拉松	男	21	10公里	赛后
2008年	上海马拉松	男	24	半程	终点前
2005年	北京马拉松	男	24	全程	约27公里
2004年	北京马拉松	男	19	半程	终点前
2004年	北京马拉松	男	64	全程	终点前

普遍认为全程马拉松难度较大，而半程马拉松相对更容易一些，不需要经过专业训练，凭借着自己毅力能够坚持下来。而正是由于对自身健康状况缺乏足够的认识和对项目危险性认识的不足，导致在终点前过度坚持、盲目冲刺，最终导致了猝死事件的发生。

因此，通过对我国历年来马拉松赛事猝死事件的深入分析，结合前人的研究成果，以及在走访马拉松赛事的相关负责人的基础上，全方位地了解了马拉松猝死发生的多方面原因，并遵循事故致因理论，将事件的成因分层逐渐展开，构建了马拉松猝死事故树（见图1）。马拉松猝死事故树编制的基本步骤如下：

1）确定分析对象

确定顶上事件 T 为"马拉松猝死"。

2）根据因果关系分析编制事故树

从顶上事件开始，采用演绎分析法，一级一级往下找出所有原因事件，直到最基本的原因事件为止。每一层事件都按照输入（原因）输出（结果）之间逻辑关系用逻辑门连接起来，从而按其逻辑关系画出事故树。

从图1及表2可以看出，顶上事件马拉松猝死（T）是由于参赛选手疾病发作（M1）和医疗救助失败（M2）两个因素造成的，二者缺一不可，所以与顶上事件为逻辑与门的关系，构成了事故树分析的第一个层次。在第二层中，体能透支（M3）和过度坚持（M4）是疾病发作（M1）的直接原因，它们之间为逻辑与门关系；而医疗救助失败（M2）是由于延误救治（M5）、医疗设备不足（X6）或医疗技术水平低（X7）造成的，前者与后面三个因素的关系是逻辑或门。第三个层次中，缺乏系统训练（X1）和缺乏科学参赛知识（X2）两者都可能导致体能透支（M3），它们属于逻辑或的关系；而过度坚持（M4）是由于高估自身体质（X3）、盲目追求成绩和完赛（X4）及对项目危险性缺乏认识（X5）共同作用的结果，它们属于逻辑与的关系；而通信联络不畅（X8）、救援通道不畅（X9）、医疗点分布不足（X10）及赛后医疗监控缺失（X11）是延误治疗（M5）的主要原因，它们之间任何一个事件发生，都会导致延误治疗，因此它们之间是逻辑或的关系。以此类推，直至事故树分析的深度已经达到最基本的事件为止，最终形成马拉松猝死事故树分析图。

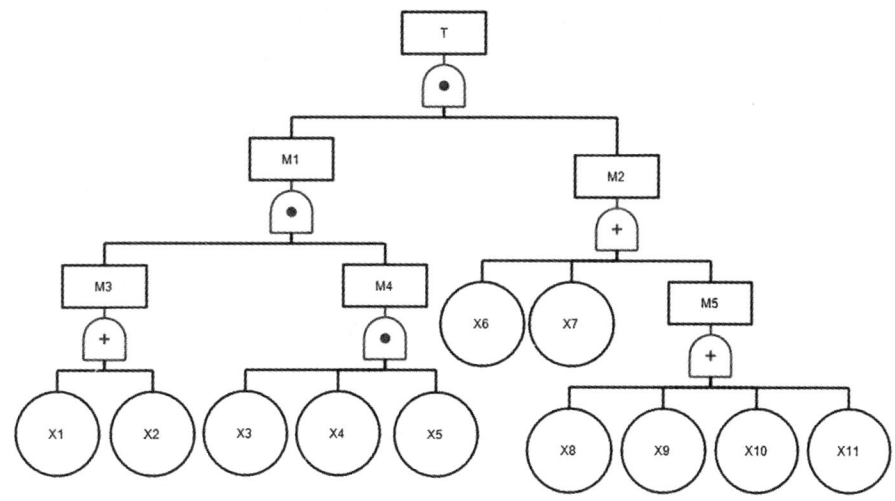

图 1　马拉松猝死事故树

表 2　事故树事件表

代号	事件	代号	事件
T	马拉松猝死	X4	盲目追求成绩和完赛
M1	疾病发作	X5	对项目危险性缺乏认识
M2	医疗救助失败	X6	医疗设备不足
M3	体能透支	X7	医疗技术水平低
M4	过度坚持	X8	通信联络不畅
M5	延误治疗	X9	救援通道不畅
X1	缺乏系统训练	X10	医疗点分布不足
X2	缺乏科学参赛知识	X11	赛后医疗监控缺失
X3	高估自身体质		

（二）马拉松猝死事件事故树分析

1. 事故树最小割集与最小径集的计算与分析

在事故树中凡能导致顶上事件发生的基本事件的集合称为割集，在割集中全部基本事件均发生时，则顶上事件一定发生。最小割集是能导致顶上事件发生最低限度的基本事件的集合，即割集中任一基本事件不发生顶上事件就不会发生。最小割集表示系统的危险性，通过最小割集可以发现系统的最薄弱环节。运用布尔代数法求马拉松猝死事件的最小割集：

T = M1 * M2

T = M3 * M4 *（X6 + X7 + M5）

T =（X1 + X2）* X3 * X4 * X5 *（X6 + X7 + X8 + X9 + X10 + X11）

T =（X1 * X3 * X4 * X5 + X2 * X3 * X4 * X5）*（X6 + X7 + X8 + X9 + X10 + X11）

T = X1 * X3 * X4 * X5 * X6 + X1 * X3 * X4 * X5 * X7 + X1 * X3 * X4 * X5 * X8 + X1 * X3 * X4 * X5 * X9 + X1 * X3 * X4 * X5 * X10 + X1 * X3 * X4 * X5 * X11 + X2 * X3 * X4 * X5 * X6 + X2 * X3 * X4 * X5 * X7 + X2 * X3 * X4 * X5 * X8 + X2 * X3 * X4 * X5 * X9 + X2 * X3 * X4 * X5 * X10 + X2 * X3 * X4 * X5 * X11

通过运算造成马拉松猝死事件发生的最小割集为 Φ = ｛（X1，X3，X4，X5，X6），（X1，X3，X4，X5，X7），（X1，X3，X4，X5，X8）……｝，每个最小割集中都包含5个基本事件，共12个最小割集。每个最小割集都代表着马拉松猝死事件发生的一种基本事件组合模式。

在事故树中，使顶上事件不发生的基本事件的集合称为径集。凡是不能导致顶上事件发生的最低限度的基本事件的集合称为最小径集。最小径集是保证顶上事件不发生的充分必要条件，因此最小径集表达了系统的安全性。最小径集的求法是将事故树转化为对偶的成功树，即将图1事故树中的"或门"改为"与门"，"与门"改为"或门"，便可得到与原事故树对偶的成功树，用布尔代数法求成功树的最小割集：

T′ = M1′ + M2′

T′ = M3′ + M4′ + X6′ * X7′ * M5′

T′ = X1′ * X2′ + X3′ + X4′ + X5′ + X6′ * X7′ * X8′ * X9′ * X10′ * X11′

T′ = X1′ * X2′ + X3′ + X4′ + X5′ + X6′ * X7′ * X8′ * X9′ * X10′ * X11′

最后，通过对偶变换即得到事故树的最小径集为：P1 =（X1，X2）；

P2 =（X3）；P3 =（X4）；P4 =（X5）；P5 =（X6，X7，X8·X9，X10，X11）。

总体来看，图 1 事故树中共有 11 个基本事件，最小割集有 12 个，即有 12 种途径能够导致马拉松参赛选手猝死，对于防控工作来说具有一定的难度。而最小径集仅有 5 个，即有 5 个途径可以防止马拉松猝死事件的发生。我们可以根据最小径集中基本事件的多少、技术上实现的难易程度、耗费的时间及投入的资金等因素来选择最经济、最有效的防猝死方案。从 5 个最小径集可以看到，防止马拉松猝死发生的最短途径是 P2、P3、P4 三个径集，都只包含 1 个基本事件，是最为简便的方案，但防控难度并不低。首先来看 P2 径集，其基本事件为"高估自身体质"，在历年来发生的猝死事件中，猝死者年龄大多为 19～35 岁的青年男性，这一年龄段的特点大多是身体比较健康，热爱体育锻炼，对自身体质有足够的自信，喜欢挑战身体极限，因此 19～35 岁这一年龄段应成为今后我国马拉松赛事防控的重点，应突出对这一参数人群的宣传教育。P3 径集的基本事件为"过度追求成绩和完赛"，在分析历年来的猝死事件中，猝死发生的位置大多都在终点附近或距终点几公里的范围内，这时参赛者的体能已接近极限，而一些选手想在关门时间内跑完全程或是想要一个好的成绩，不顾身体发出的警告，在终点前过度的冲刺便极易导致猝死的发生。Kohl 等人（1992）研究指出，猝死的危险性随运动的绝对强度或相对强度的增加而增加。因此如何端正选手的参赛态度、做到量力而行，不盲目地追求成绩与完赛是防控的难点。P4 径集的基本事件为"对项目危险性缺乏认识"，在之前发生的 19 起猝死案例中有 13 起是发生在半程马拉松，这是由于很多大众选手普遍认为全程马拉松距离太长，需要有一定的马拉松训练基础才能完成，而半程马拉松距离是全程的一半，只要凭借着毅力坚持就能完成，过度地轻视半程马拉松的运动强度，对项目的危险性缺乏足够的认识，最终导致了悲剧的发生。因此赛前加大宣传力度，提高参赛选手的风险意识是防控工作的又一难点。P1 径集包括两个基本事件，分别是

"缺乏系统训练"和"缺乏科学参赛知识"。近三年来我国马拉松持续快速增长，赛事的增长速度远超路跑人口的增速，而对于大部分国人来说马拉松仍然是一个新兴项目，大部分选手都是首次或很少参加马拉松比赛，普遍缺乏系统训练及相关的参赛知识，这也是近两年马拉松猝死频发的一个重要原因。上述的四种防控方案，都需要从参赛者的主观行为进行限制，对于赛事主办方来说，防控难度极大。

P5径集包括"医疗设备不足""医疗技术水平低""通信联络不畅""救援通道不畅""医疗点分布不足"及"赛后医疗监控缺失"6项基本事件，主要是基于赛事的医疗救助来进行防控，虽然基本事件较多，但相对于上述其他四种方案来说赛事主办方可提升的空间更大，需要投入大量的人力与物力，更关键的是各部门的协调统一，第一时间对选手进行救助。在我国近些年举办的马拉松赛事中，也存在着大量的救援不及时的案例，如救援通道不畅、医疗救助指挥系统不够健全、医疗救助不专业等问题，其中个别赛事也因此付出了惨痛的代价。而作为世界六大马拉松之一的东京马拉松，每年有三万多人参赛，办赛十年来一直保持着零死亡的纪录，其医疗救助体系得到世界推崇。目前我国的马拉松赛事仍处于起步阶段，各大赛事在投入大量的财力和人力外，关键是要建立先进的急救体系，培养我国马拉松赛事专业的急救团队，全方位、无死角地覆盖整个赛道，优化急救"生存链"，第一时间对参赛选手进行救治。

2. 结构重要度分析

结构重要度分析是分析事故树基本事件对顶上事件的影响程度，是为改进系统安全性提供信息的重要手段。利用最小径集计算马拉松猝死事故中基本事件的结构重要度，假设各基本事件发生概率相等，基本事件在事故树结构上的重要度系数计算公式为：

$$I_i = \sum_{x_i \in p_j} \frac{1}{2^{n_j-1}}$$

式中：

I_i——第 i 个基本事件的结构重要度;

$x_i \in p_j$——包含基本事件 x_i 的每一个最小径集;

n_j——p_j 径集中包含的基本事件的个数。

根据公式计算得出最小径集的结构重要度系数为:$I_1 = I_2 = \frac{1}{2}$;$I_3 = I_4 = I_5 = 1$;$I_6 = I_7 = I_8 = I_9 = I_{10} = I_{11} = \frac{1}{32}$。根据计算结果可知,"高估自身体质""盲目追求成绩和完赛""对项目危险性缺乏认识"三项基本事件的结构重要度最大,这三项基本事件也是造成参赛选手盲目过度坚持的直接原因。从表面上来看,这些基本事件都是由于参赛选手自身的原因造成的,但归根结底是我国广大民众健身意识与观念滞后的一种表现。因此,防控马拉松猝死事件的发生,是一个复杂的系统工程,仅凭赛事主办方是很难办到的,需要体育主管部门、地方政府、赛事组织机构三方共同努力,才能得到有效的防控与实施。

三、马拉松猝死事件的防控策略

(一) 健全路跑赛事项目设置体系

纵观近几年我国马拉松赛事的发展,多数城市的办赛都是出于以"城市营销"为目的,特别是二、三线城市更为突出,所办赛事几乎都是以全程或半程马拉松赛事为主,虽然部分赛事中同时还设置了距离较短的10公里、健康跑等项目,但总体来看适合初级跑者的赛事相对较少,2017年我国路跑赛事达1100场,但10公里跑和健康跑仅占到全部赛事的42%左右,赛事项目设置不够合理。而美国作为世界马拉松大国,每年所办赛事达上万场,10公里跑和健康跑赛事则达到了74%,全程和半程赛事仅占到全部路跑赛事的13%左右,赛事结构设置合理。因此,增加中、短距离路跑赛事是减少猝死发生的首要问题,毕竟马拉松运动对于我国广大民众来说是一个新兴项目,在还未被国人了解之时,便已经席卷了全国,真正有能力完成全程或半程马拉松赛事的跑者毕竟是少数。因此,健全路跑赛事项目设置体系,是减少猝死事件发生的一项基础性工作,国家马拉松赛事主管部门,应加强顶层设计,鼓励地方在举办路跑赛事时,应多考虑我国大众的实际状况,增加中、短距离路跑赛事数量,则有助于夯实我国路跑人口基础,提高长跑运动在大众中的普及程度,则有助于减少猝死事件的发生。

(二)建立合理的晋级参赛体系

随着我国马拉松猝死事件的频发,社会各界关于提高马拉松赛事参赛门槛的呼声不绝于耳。因为提高参赛门槛是国际上一些知名马拉松赛事的惯用做法,不仅可以限制参赛人数,而且能够保证参赛选手具有一定的参赛经历及运动能力,减小意外事件的发生概率,其中波士顿马拉松的参赛标准则最为详细。我国是从2016年北京马拉松开始要求选手提供报名成绩,之后厦马、广马、杭马等马拉松赛事陆续提高了马拉松赛事的参赛标准,均要求报名选手需有过参加半程马拉松及以上项目的完赛经历,否则不允许报名参赛。从表面上来看,提高参赛门槛有助于减小猝死发生的概率,但相对于我国一年上千场马拉松赛事,若均盲目提高参赛门槛,则有可能导致一些马拉松赛事面临无人参赛的尴尬局面。因此,建立合理的晋级参赛体系,有助于限制选手盲目参赛,减少猝死的发生。

国家马拉松管理部门应建立中国马拉松大众选手注册信息系统,强制各项赛事的参赛选手进行注册,建立选手的参赛信息档案,详细记录每名选手的参赛次数、完赛成绩、赛中医疗救助情况等信息,并通过大数据系统来限制选手的连续参赛,避免过度疲劳而导致的猝死。同时,通过分析选手的参赛信息,建立合理的参赛晋级体系,并要求初级跑者必须从健康跑等短距离项目开始参赛,待达到一定的参赛次数或成绩后,再结合选手历次参赛中的身体状况,确定是否晋级下一级别的赛事。从健康跑、10公里、半程马拉松,直到最后参加全程马拉松,逐级递进,确保参赛选手有足够的参赛经历和对马拉松运动的认识,避免选手的盲目参赛。

(三)建立完善的线上培训体系

马拉松及相关路跑赛事作为一项新兴的大众体育项目,在我国的增长速度之快，远超跑步人群的增速，大部分人群对马拉松运动认识不足，对项目的危险性认识不够，特别是一些年轻人，自恃身体强壮，盲目跟风参赛，往往成为猝死发生的重点人群。因此，加强参赛选手的赛前培训，变得尤为重要。而对于动辄数千人甚至数万人的赛事，集中进行赛前培训显然不大可行，但充分利用手机网络进行在线培训则完全可以实现。赛事主办方可根据本赛事的实际情况制作相应的培训课程，特别是要针对初级跑者进行全方位的培训，包括赛前的训练计划、饮食、赛道情况介绍、配速、赛前身体状况的自我检查、赛中身体不适的应对、赛后恢复等参赛策略，提高选手对自我身体状况及马拉松运动的认知。

（四）合理优化关门时间

采用关门时间来结束比赛是国际、国内路跑赛事惯用的做法，赛事主办方会综合选手水平、赛事组织、城市交通、人员疏散等因素来确定关门时间，目前国内大部分全程和半程马拉松赛事的关门时间几乎都设置为6小时和3小时，这就相当于配速需达到每公里8分30秒以内才可能完赛，而对于一些缺乏长期训练的初级选手来说，完赛并非易事。而为了完赛，部分选手终点前的过度冲刺，便极易导致风险事件的发生。纵观国外的全程马拉松赛事，关门时间并非一刀切，关门时间会根据赛事的定位来确定，部分以追求竞技性和高水平成绩的赛事关门时间较短，如日本琵琶湖马拉松、福冈马拉松等关门时间均在3小时以内；以兼顾竞技性和大众性的赛事关门时间普遍为6小时；以追求休闲、娱乐性的赛事，关门时间较长，如新加坡日落马拉松关门时间为8小时、夏威夷火奴鲁鲁马拉松则不设关门时间。

因此，我国马拉松赛事组织者，应找准赛事的定位，根据当地的交通状况、自身赛事组织能力等因素，合理优化赛事的关门时间，而非一刀切。特别是对于一些交通压力不大的城市马拉松应尽可能延长关门时间，让更多人可以完赛，体验到长跑的乐趣，避免一些选手害怕无法完赛盲目提速而出现意外。

马拉松赛事安全风险识别、评估与应对

近5年来，得益于体育管理部门"简政放权"，我国马拉松赛事从规模到数量均实现跨越式发展，与之相伴的是各类风险事件的频发，严重地影响了我国马拉松赛事健康稳定的发展。因此，如何在马拉松赛事的组织和举办过程运用风险管理理论，认识风险、规避风险或尽量减少风险带来的损失是当前我国马拉松赛事组织者需要首要解决的问题。而风险识别是风险管理的第一步，也是展开风险评估的基础，通过风险识别可将马拉松赛事中潜在的风险定性并识别出来，并采取有效措施应对风险。目前，国内关于大型体育赛事风险管理的研究较多，主要集中在大型体育赛事风险类型划分、风险评估、风险防控策略等几个方面，对我国体育赛事风险管理研究起到了积极的促进作用。但整体上来看，大部分研究均以大型体育赛事为主，研究对象较为笼统，缺少与具体项目的结合，因为不同的大型体育赛事所面对的风险并不一定相同，如大型马拉松赛事，参赛人数多、组织难度较大、项目本身具有一定风险、且易受外界环境影响等特点，而对马拉松赛事风险管理的研究则少之又少，因此，结合马拉松运动目前的发展需求，有必要进行相关的风险管理研究。本文从马拉松赛事风险管理出发，深入分析马拉松赛事竞赛组织过程中每个步骤、环节可能面临的安全风险，运用专家访谈法、德尔菲法构建《马拉松赛事安全风险检查表》，并在此基础上对天津国际马拉松进行实证评估研究，以期为促进我国马拉松运动健康稳定发展，加快推动"体育强国建设"起到积极的促进作用。

一、马拉松赛事安全风险识别

(一) 马拉松赛事安全风险因素分析

现代安全管理理论认为,事故的直接原因是人的不安全行为和物的不安全状态,间接原因是管理的缺陷导致的。就马拉松赛事而言,各类风险事件的发生不是单一因素造成的,也并非个人偶然失误或单纯设备故障所形成的,而是各类社会因素、管理因素等综合作用的结果,比赛中各类偶然事件之所以触发,是由于环境条件存在着危险源的各种隐患和人的某种失误共同构成的。这些物质的、环境的以及人的原因是由于管理上的失误、管理上的缺陷和管理责任所致。因此,根据系统工程理论,本研究从马拉松赛事项目本身特征、人、物、环境和管理5个方面,对大型马拉松赛事的风险因素进行分析。

1. 项目本身特征

大型马拉松赛事与其他体育赛事及其他大型活动有着很多差异,所面临的风险也不尽相同。首先,马拉松运动项目本身具有一定的风险,虽然技术门槛较低,但马拉松属于极限运动,对人体的消耗巨大,易引发心脑血管疾病,并非所有的大众都能参与,参赛选手必须具备一定的练习基础,不能盲目参赛,而近几年连续发生的猝死事件也印征了这项运动的残酷性,需要赛事组织者高度关注。其次,马拉松赛事规模越大,不确定的风险因素越多,承受的风险也越高,目前我国各大省会城市的马拉松赛事参赛人数均在5000人以上,而一些国际田联的"标牌"赛事人数更是达到数万人,赛事具有人群密度大、选手骤聚骤散等特点,特别是在马拉松出发区域,数万人同时起跑,赛道人流密度急剧增大,并出现成拱现象,拱形结构一旦崩塌便会导致人员跌倒,进而引发踩踏事故,事故一旦发生往往难以在短时间内得到有效的控制,极易造成群死群伤。第三,城市马拉松多以业余选手参赛为主,人员成分复杂,选手的随意性较强,由人群自身引起事故的可能性较大。最后,马拉松赛事以城市的公路作为赛道,全程马拉松赛道长度达42.195公里,活动区域跨度较大,赛道管理需要投入大量的人力和物力，保障选手的安全参赛。

2. 人的因素分析

保障人的安全是大型马拉松赛事安全工作的首要目标。对于主办城市来说，往往希望参加比赛的选手人数越多越好，进而实现城市营销的目的，更好地宣传城市、带动旅游，拉动地方经济，而对于赛事运营方来说，规模越大越有利于扩大赛事声望、增加赛事经济收益，最终实现赛事主办与承办的双赢。但马拉松赛事人数的不断增长，也为赛事带来了更多未知的风险。

（1）人群过度拥挤

马拉松赛事参赛人数过多往往是诱发其他事故的因素，近几年来我国一些知名赛事一直在不断扩容，北马、上马、厦门等赛事都达到3万多人，选手的集结与疏散成为赛事组织的一大难点。赛事组织者需要对原有的场地、设施、布局、流线等进行重新的规划与提升，否则任何微小的风险因素，甚至是原本不存在的安全隐患也可能随着参赛人数的增加而被无限地放大，进而引起事故。马拉松赛前选手集结比较集中，数万人短时间内到达起点进行安检、存物、如厕、检录等，组委会必须根据参赛人数详细地规划场地面积、合理地布局功能区域、准确地指示与引导，从而来维护现场的秩序。而安检通道数量、卫生间数量、存物窗口数量等都要与参赛选手人数成一定比例，否则会导致参赛选手较长时间的排队等候，从而产生激动、焦虑、恐慌等心理，若再出现个别选手不文明行为的扰动，都会导致人流的无序、混乱，甚至发生踩踏事故。

（2）人自身的不安全行为

在大型马拉松赛事中，起跑环节的风险隐患最大，任何选手的一些不安全行为都可能会引发风险事故。近年来，中国田协也对马拉松比赛中出现的一些不安全行为进行了严厉的处罚，如跨区起跑、抢跑等，目前跨区抢跑现象在我国马拉松赛事中最为严重。跨区起跑是指不按检录指定的位置起跑，一般大型马拉松为保证起跑出发的顺畅，根据选手的参赛项目或以往的参赛成绩进行分区站位，特邀选手和精英选手最先出发，其他选手按所处的区域陆续出发，人流前快后慢，不易出现拥堵，若选手都涌向最靠近起跑线的区域起跑，势必会导致起跑出发后的过度拥挤，极易出现大规模的踩踏事件。此外，选手起跑后的突然减速、驻足、变向跑等行为也都是马拉松比赛中必须重视的风险因素。

（3）人群安全意识

大型马拉松赛事人群构成较为复杂，选手的年龄、职业、健康状况、参赛经历、参赛动机等差异较大，对风险的认知、防范能力有很大不同。从参赛经历角度来划分，我国业余马拉松选手大致可分为两类：一类为核心跑者，核心跑者长期坚持跑步锻炼，定期参加马拉松赛事，对项目的风险性有一定认知，能够在比赛中根据自身的状态进行调控，但这类选手对参赛成绩较为关注，个别选手过度追求最好成绩，进而出现跨区起跑、抢跑等不安全行为；另一类为初级跑者，这也是目前我国马拉松赛事的主力军，多以青年人为主，缺少定期跑步的习惯，乐于追求时尚，参赛经验普遍不足，对项目的风险认识不够，以近几年连续发生的马拉松猝死事件为例，猝死选手主要集中在 20～35 岁，多为男性初级跑者，且猝死发生位置大多都在半程马拉松赛终点附近，究其原因，主要与部分男性青年选手的训练经历不足、对项目风险的认知不足及对自身健康状况的认知程度较差有着直接的关系。此外，个别大型马拉松赛事还设置了轮椅竞速、亲子跑等项目，从而提高社会的关注度与参与度，但残障人士和少年儿童属于弱势群体，在赛事集结、疏散、起跑等过程中容易受到推挤，极易引发踩踏事故，需要赛事组织者重点关注。

3. 物的因素分析

马拉松赛事以城市的公路为赛道，举办地点通常都没有可用的永久性场地、设施或设备，需要临时对场地进行规划和搭建，而临建设施设备/建构筑物的安全性、场地规划布局的合理性都决定了赛事顺利的进行。此外，应急资源的有效配备对减缓突发事件的影响程度发挥着极大的作用。

因此，从物的因素进行风险识别可以从临建设备设施/建构筑物、规划布局及应急资源配置三个方面进行分析。

（1）临建设备设施

马拉松赛事起终点位置需要搭建大量的临时建筑以满足比赛的需求，包括起跑出发拱门、各类功能房、现场展示舞台、标识、摄影桥等，赛事运营方应聘请具有一定的行业资质及口碑的公司来进行搭建，所有搭建的高度、宽度、防风等级等指标必须符合国家的相关行业标准，保障现场人员的安全。但由于马拉松赛事占用城市公路作为起终点，为了不影响城市正常的交通，很多搭建都是在夜间进行，甚至部分赛事都是在比赛前一天晚上进行搭建，工期较短，必然存在许多隐患问题。在以往的赛事中也存在着搭建物倒塌的案例，如2019年东营马拉松由于受到大风影响，起跑出发拱门倒塌，所幸没有人员伤亡。

马拉松赛事现场各类宣传广告及方向指引标识众多，赛事组织者一般会利用赛道两侧、起终点集结区等位置独立架设或将广告、标识附着在建筑物、灯杆及其他固定物上，这些设施安装的牢固程度、摆放位置等都会对参赛选手及观众带来一定的风险。2009年北京马拉松比赛中，由于现场刮起8级大风，一名老人被赛道边的临时广告牌严重砸伤；2019年重庆马拉松比赛中，由于参与直播的直升飞机低空飞行，刮起了赛道边的A字广告板，砸伤了非洲特邀选手……

（2）规划布局

大型马拉松赛事起点区域一般分为功能区、集结区、出发区、仪式区、媒体区、观众区等，各个区域应相互独立，分区管理，避免人员的交叉、对流、回流，预防发生拥挤踩踏等现象。赛前选手通过安检进入功能区，进行安检、存物、如厕、热身等，由于大部分选手到达起点区域的时间比较集中，人流比较密集，容易出现大面积排队等候的情况，特别是存物和如厕环节更容易出现长时间排队等候现象，赛事主办方必须根据参赛人数规划出足够的功能区面积，从而保证起点区域不至于过分拥挤。国际田联对白金标赛事做出了明确的规定,要求起终点面积至少应为人均4平方米,美国学者Fruin在人群聚集风险预警模型中提出人均面积大于3.25平方米时,选择步行速度超越时不与其他人发生冲突,我国部分学者在相关研究中也提出了相近的数值,因此3~4平方米的人均面积可以作为赛事组织者参考的范围。此外,在起跑出发前选手需进入相应的集结区等候出发,大型马拉松赛事一般将集结区分为若干个区域,每个区域间有一定的缓冲距离,并根据选手的报名成绩、参赛项目等将选手分布在各个区域内,保证成绩较好的选手更靠近起跑线,避免出现前慢后快的现象,预防出现推挤,甚至是踩踏。国际田联也对集结区的面积做了明确的规定,至少应保证每人0.4平米,避免集结区人员过于密集。

(3)应急资源配置

近几年来,我国马拉松赛事猝死事件频发,赛事组织者除了采取告知参赛风险、提高参赛门槛、为选手缴纳保险等手段外,配置必备的医疗应急物资设备是保障选手安全参赛的最后一道屏障。为了确保第一时间对发生意外的选手实施救助,赛道沿途每2.5公里应配备一辆救护车,每1.5公里应配备一台AED。从目前我国的大型马拉松赛事医疗保障来看,AED配置的数量都比较充足,以2018年北京马拉松为例,赛事全程共配备了50台AED,除固定点位配置AED外,赛道上还配置了流动AED,保证急救设备对比赛全程的覆盖。除了保证急救设施设备的配置数量外,赛事组织者应根据以往办赛经验,合理分配赛道沿途急救设施设备的数量也是保障选手安全参赛的重要条件。此外,医疗急救必须的药品、为选手降温的喷淋等都必须在赛事筹备阶段进行合理的规划,避免风险的发生。

4. 环境因素分析

马拉松赛事以城市的公路作为赛道,极易受到外界环境的影响,因此有必要对赛事所处环境风险因素进行全面系统的识别,减少风险事件的发生,保障赛事的顺利进行,本研究主要从自然环境、周边环境、社会环境三个方面进行分析。

（1）自然环境

自然气候的难以预测和不可抗拒性给马拉松赛事的组织增加了不确定成分，高温、暴雨、雷电、雾霾等恶劣气候可直接造成参赛选手的人身安全及财产损失，影响着赛事的顺利进行。在国内外众多马拉松赛事中，由于恶劣气象条件所导致停赛、延期、改期等现象并不少见，2012年由于飓风"桑迪"的影响，具有40多年办赛历史的纽约马拉松赛被迫取消；2019年陕西宝鸡·陈仓马拉松比赛当天由于地表温度高达72度，被迫停赛……而由于客观原因个别赛事虽如期进行，但也为此付出了沉痛的代价。从目前我国举行的各大马拉松赛事的气象条件来看，很多赛事举办当天的气温均偏高，个别赛事达到了30度以上，远高于国际田联提出的5～15度的最适宜办赛的温度，为选手的安全参赛埋下了隐患。因此，赛事组织方在赛前应对当地历史同期气象条件进行详细的分析，合理制定比赛日程，规避恶劣气候风险。

（2）周边环境

马拉松赛道设计需要考虑的因素众多，包括赛道的宽度、坡度、路面的状况、转弯、应急通道、起终点的面积等诸多因素，而作为大型城市马拉松，主办方还会把城市风景地标、城市最靓丽的路段、最能体现城市历史文化风貌的街道设计在比赛路线中，提高选手的参赛体验，带动城市的旅游、观光、餐饮、住宿等相关产业的发展，最终达到"城市营销"的目的。而为了满足多方面的诉求，赛道及起终点的设计难免会途径人流密集区域，如商场、热门景点、休闲广场、学校等，这必将会加剧赛道及起终点周边的人群聚集程度，造成交通事故及人群事故。特别是在赛前选手集结期间，大量的人流、车流短时间内向起终点周边集结，可能导致周边交通不畅，甚至交通堵塞。尤其是在赛道交通管制前，大量的车辆争相通过，极易引发交通事故。此外，目前我国也有个别马拉松赛事过度地考虑了赛道沿途的风景而忽略了选手参赛的安全性，如某马拉松赛终点旁是一个加油站，还有个别马拉松在自然景区内比赛，赛道旁便是山崖，极易发生高空坠石的风险。因此，在马拉松赛道设计上不仅要满足竞赛需求、城市宣传需求，同时还要兼顾起终点及赛道周边人群的疏散条件及周边环境的安全性。

（3）社会环境

社会环境对马拉松赛事的安全举行有着极大的影响，特别是在传染病高发期若举行大型马拉松赛事，极易使参赛选手成为病毒的受体和传播者。此外，赛事举办地的治安情况、当地居民对赛事的支持程度等都可能是影响马拉松赛事安全举办的重要社会环境因素。

5. 管理因素分析

赛事管理制度不健全、执行力度不够、管理责任主体混乱、职责不清等这些管理缺陷是导致马拉松赛事安全风险事故的主要原因，在国内外马拉松赛事中由于管理不善导致的风险事件也屡见不鲜。因此，为使马拉松赛事管理工作高效运行、严谨有序，赛事运作管理机构应结合赛事的实际情况，制定赛事安全管理工作的总体计划及方案。在制定方案时首先要确定赛事安全管理工作的关键环节和重要区域。一般来说，入场安检是马拉松赛事安全管理工作的关键环节，起终点区域是马拉松赛事的重要活动区域，应针对关键环节和重要区域分别制定详细的安全管理方案和处置各类突发事件的应急预案。

（1）关键环节管理

随着世界范围内恐怖事件的频繁发生和我国治安形势的严峻化，大型体育赛事成为有预谋的恐怖袭击的焦点，其最具代表性的例子莫过于2013年波士顿马拉松爆炸案，4人遇难，141人受伤的悲剧是所有大型体育赛事的前车之鉴，值得世人警醒。不断加强安全保卫工作已然成为马拉松赛事竞赛组织工作的重中之重，而安全检查作为大型体育赛事安保工作的关键环节，对确保赛事的安全起着至关重要的作用。2007年国务院颁布的《大型群众性活动安全管理条例》指出，大型体育赛事的主办方必须配备安全检查设备，对参加赛事的相关人员进行安全检查。因此，在马拉松赛事启动之初，安保部门应配合地方公安制定详细的安检计划，其中包括明确负责安检指挥的部门和领导，划分各个安检单位需要检查的目标和范围，规定参加安检的人数和使用的器材以及实施检查的时间、步骤、重点部位、分工等，在安检预案的编制和预演上下足功夫，并加强安检人员的培训工作，增大安检经费、人员、物资的投入，构建完整的安检系统，保障选手的安全参赛。

（2）关键区域管理

马拉松比赛起终点是赛事最为重要的区域，该区域内人员最为密集，特别是对于大型马拉松赛事来说，数万人短时间内集聚在起点位置，一旦发生矛盾、摩擦和意外情况，极易出现现场及周边秩序混乱，引发拥挤和踩踏风险，加之可能存在管理不善或指挥失当的因素，群死群伤事故的发生就在所难免。因此，赛事组委会应详细规划起终点位置的流线，合理布局各功能区的位置，并配备足够多的志愿者及足够高大的指引标识为选手提供指引服务，加快选手存物、如厕、检录的速度，避免人群的拥堵。此外，起终点位置的各个区域之间应进行严格的管控，加强仪式区、媒体区、集结区、观众区等区域证件的管理，避免人员的交叉，严格按照人员在马拉松赛事中的职能或角色，划分不同人员的通行区域和时限，保障各类人员各司其职、互不干扰，同时也能避免其他意外事件的发生。目前，在很多国内的马拉松赛事中，终点位置的管理较为混乱，特别是领先选手到达时，容易引起大量人员涌向拱门附近围观，进而引发风险事件。在2019年末我国南方某马拉松赛事中就出现了未完赛选手冲入终点位置强行拉拽冠军选手合影的事件，虽未发生任何伤害事故，但也说明了赛事终点位置管理的漏洞，值得赛事组织方引起注意。安保人员应加强相关区域的证件查验，熟悉各类证件的通行范围，避免无关人员进入，保障赛事的安全。

（二）马拉松赛事安全风险检查表的构建

在前文对马拉松赛事安全风险因素分析的基础上，笔者编制了《马拉松赛事安全风险检查表》(见表1),风险检查表调查法是目前风险识别方法中最为常用的一种,且操作过程简单,无须具备过多的风险管理知识,特别是对于尚处于初级发展阶段的我国马拉松运动,尚缺少比较成熟且全面的风险管理工具,难以对赛事中潜在的的风险进行有效的识别,因此建立马拉松赛事安全风险检查表是一项实用且有益的尝试。《风险检查表》的构建主要包括两个方面:首先,是在文献资料收集、网络信息采集的基础上,结合专家访谈的内容,运用系统工程的分析思想,对以往的安全风险事件进行分析、归类与整理,找出马拉松赛事中所有可能存在的风险源,然后以提问的方式将这些风险因素列在表格中,初步形成《马拉松赛事安全风险检查表》初稿。其次,为了保证《马拉松赛事安全风险检查表》的有效性,请前文中提到的三类专家对初稿进行评分与筛选,对不合适的一些风险因素进行必要的修改与删除,通过两轮德尔菲专家调查,最终形成了《马拉松赛事安全风险检查表》。当然,《风险检查表》并非是一成不变的,随着马拉松赛事不断发展,一些新的、未知的风险因素不断出现,需要我们对风险检查表进行不断的更新与完善,进而建立一个持续的、有效的风险识别检测系统,提高《风险检查表》的实用性,帮助马拉松赛事管理者能够较为全面、系统地判断和预测马拉松赛事中可能存在的风险,并有针对性地提出解决措施来规避风险。

在《风险检查表》构建完成后,对具体的马拉松赛事运营公司的赛事总监及工作人员进行调查,请他们对表中所列出的风险从"可能"和"不可能"两个方面进行选择,若还有其他表中没有列出的风险,可以在表中补充,并一起进行风险识别。最后将"可能"出现的风险汇总起来,就可以得出该马拉松赛事可能面临的风险,并对这些风险发生的可能性、严重性、可控性等问题进行评估。

表 1 马拉松赛事安全风险检查表

风险来源	风险种类	风险项目
人的因素	人群过度拥挤	起终点功能区人均面积不足 3 平米,人员过度密集
		起跑集结区人均面积不足 0.4 平米,起跑出发过度拥挤
	人的不安全行为	部分选手跨区起跑,导致起跑出发过度拥挤
		选手抢跑,导致起跑混乱
		选手起跑后突然减速、驻足、变向跑等不安全行为,导致与后方选手碰撞
	人群安全意识	选手对参赛风险缺乏认识,盲目参赛
		选手对自身健康状况不够了解,盲目坚持完赛、盲目追求个人最好成绩
物的因素	临建设备设施	起终点区域临时搭建设施工期太短
		起终点区域零时搭建设施缺少第三方质检
		搭建公司没有相关行业资质
		指引标识高度不够、内容不够清晰
	规划布局	赛道最窄处宽度低于 6 米
		起跑出发直段距离不足 300 米
		终点冲刺直段距离不足 300 米
		起跑集结区地面不够平整
		起跑集结分区间的缓冲距离不足 10 米
	应急资源配备	救护车数量不足,没有达到每 2.5 公里配备 1 辆
		AED 数量不足,没有达到每 1.5 公里配备 1 台
环境因素	自然环境	赛事历史同期气温较高
		赛事历史同期有雷电、暴雨、大风等天气
	周边环境	马拉松赛道途径危险建筑
		马拉松赛道途径山体或山坡
		马拉松赛道途径化工厂等危险源
	社会环境	赛前处于传染病流行期
		市民普遍抵制举行马拉松赛事
管理因素	关键区域管理	比赛期间,赛道交通管制不够严格,车辆随意穿行
		起终点各功能区管理混乱,人员存在交叉、逆流
		起跑出发区、终点冲刺区管理不严格,人员、车辆混乱
	关键环节管理	安检与检录不够严格
		赛事安全管理制度不够健全,责任主体混乱
		医疗救助应急反应机制不够健全

二、马拉松赛事安全风险评估实证研究

(一) 天津国际马拉松赛安全风险识别

本研究以天津国际马拉松为例进行实证研究,请天津马拉松赛事组委会10位核心工作人员填写《马拉松赛事安全风险检查表》,逐一对表中所列出的风险项目从"可能出现"和"不可能出现"中选择其一,当2/3(66.7%)的人数选择"可能出现"时,则该项风险项目便可以入选,以便进一步对该项风险进行评估。通过调查,有6项风险因素入选,具体的风险识别结果见表2,其中"参赛资格审查"一项指标为组委会工作人员增补的指标,经笔者与相关人员进行沟通后,认为该项指标可以入选,因为选手资格审查是保障赛事安全进行的第一步,通过审查可以对参赛选手的年龄、健康状况、背景信息等进行把关,禁止不符合条件的选手参赛,减小赛中风险发生的概率。总体来看,所识别出的6项风险因素中有4项来源于人的因素,其余两项分别来源于环境因素和管理因素。

表2 天津国际马拉松安全风险识别结果统计表

风险因素	入选率(%)
部分选手跨区起跑,起跑出发过度拥挤	90%
选手抢跑,导致起跑混乱	80%
选手起跑后突然减速、驻足、变向跑等不安全行为	100%
选手对自身健康状况不够了解,盲目坚持完赛、盲目追求个人最好成绩	100%
赛事历史同期气温较高	70%
参赛资格审查不够严格	增补入选

(二) 天津国际马拉松安全风险评估

在对天津国际马拉松赛事进行风险识别的基础上,本文采用列表排列法对识别到的6种风险因素进行评估。首先,制作《天津国际马拉松安全风险评估表》;其次,请10位专家对6种风险因素发生的可能性、严重性和可控性进行评分,评分的标准是采用李克特五点计分法;最后,将风险因素各维度的等级评分均值进行相乘,即可得到该项因素的风险综合量

值。从本研究具体的评估结果可知（见表3），6项风险因素中"选手对自身健康状况不够了解，盲目坚持完赛、盲目追求个人最好成绩"因素的综合量值最大，排在6项风险因素的第一位，达到了40.18分，这与我们前期的预估结果也是一致的，因为近几年来随着我国马拉松赛事的快速发展，参赛选手人数成几何式增长，而大部分选手缺少参赛经验，安全参赛意识不强，盲目坚持完赛、盲目追求个人最好成绩，再加之个别选手身体存在着潜在的疾病，极易导致猝死事件的发生，因此防猝死工作成为我国各项马拉松赛事重点防控的风险。对于天津国际马拉松来说，从2012年办赛至今虽未出现过相关的问题，但仍需引起主办方的高度重视。排在第二、三、四位的风险因素均来源于"人的不安全行为"，这三项风险因素虽然发生的可能性和严重性偏高，但总体是可控的，关键在于赛前加强对选手集结区和起跑出发区域的管理。排在第五位的风险因素是"赛事历史同期气温较高"，从历届天津马拉松赛来看，比赛当天的气温普遍偏高，个别届次甚至达到30以上。究其原因主要与天津马拉松办赛的日期有着直接的关系，有3届是在5月中下旬进行，另有1届是在九月中上旬举行，而这一时期天津市的气温普遍偏高，不适宜举行马拉松赛事。此外，2017年全运会马拉松比赛虽然将比赛时间提前到了4月底，但比赛当天依然遇到了高温，很多专业选手由于高温退赛，甚至晕倒。因此，合理安排赛事日程有助于规避高温带来的风险。排在第六位的是"参赛资格审查不够严格"因素，从目前大多数马拉松赛事来看，资格审查的重点依然是安全背景审核，对选手身体健康状况审查相对较为宽松，其主要原因是参赛选手人数太多，无法逐一排查，这也为安全办赛埋下了隐患。

（三）天津国际马拉松赛安全风险防范策略

为了保障天津国际马拉松健康有序的发展，在风险识别与评估的基础上，赛事管理者有必要针对这些风险因素进行重点监控和管理，从而有效地预防安全风险事件的发生，最大程度地减小风险带来的损失，具体的防控策略包括以下几个方面。

表 3　天津国际马拉松安全风险评估结果（n=10）

风险因素	可能性	严重性	可控性	风险量
选手抢跑，导致起跑混乱	3.7	3.6	2.1	27.97
部分选手跨区起跑，起跑出发过度拥挤	3.3	3.5	2.5	28.88
选手起跑后突然减速、驻足、变向跑等不安全行为	3.1	3.4	2.9	30.57
选手对自身健康状况不够了解，盲目坚持完赛、盲目追求个人最好成绩	3.6	3.6	3.1	40.18
赛事历史同期气温普遍高于30度	3.6	3.4	2.2	26.93
参赛资格审查不够严格	3.3	3.6	1.7	20.20

1. 加强安全风险宣传

加强赛事安全风险宣传是提高选手风险意识的重要手段。赛事组委会应从选手报名开始，不断强化对参赛风险的告知与提醒，并在报名成功后定时向选手推送各类安全参赛注意事项、身体状况的自我评估方法、不安全行为可能导致的后果、以往赛事的安全风险案例等信息，而且推送信息应该更加细化，对于核心跑者和初级跑者的推送内容应有所区分，初级跑者参赛经验不足，对参赛风险缺乏认识，在比赛中容易出现盲目坚持，极易引发伤害事故，推送内容应侧重于参赛风险提示、赛中速度分配策略、身体不良反应的自我判断依据等信息；核心跑者参赛经验丰富，对自身的状态有较好了解，但个别核心跑者往往过度关注比赛成绩、过度追求个人最好成绩，易出现跨区起跑、抢跑等不安全行为，推送内容除基本的安全参赛常识外，还应侧重于宣传参加跑步的意义，帮助选手树立正确的参赛观，特别是可以通过模拟动画的形式展示跨区起跑、抢跑等不安全行为可能引发的踩踏等风险事件，提高选手的安全意识。在宣传之余，还可通过在线测试等形式，检验选手的掌握情况，并给予一定的奖励。此外，在赛前领物、安检、检录及其他等候排队期间利用广播、大屏、标语等手段向选手宣传安全参赛常识及不安全行为可能导致的严重后果,全方位地提升选手安全参赛意识。

2. 加强参赛资格审查

参赛资格审查要突出对选手健康状况的核查。以往赛事组委会均要求选手提供体检证明,但由于参赛选手人数较多,组委会很难做到逐一审核,为避免管理漏洞而导致风险事件发生,赛事组委会可通过多种途径严格审核选手的体检报告,包括采用外包服务的形式通过报名网站进行在线审核、招募当地志愿者审核报名表、招募当地跑团并减免报名费等形式审核体检报告,确保选手的身体状况符合参赛要求。此外,随着区块链技术在我国医疗系统的广泛应用,马拉松赛事联盟应与我国医疗卫生系统建立紧密的合作关系,利用区块链技术打通赛事组委会与医疗部门间的信息壁垒,实现选手健康信息的快速查验,同时也保证了选手健康信息的真实性,有助于马拉松赛事安全有序的发展。

3. 加强关键区域管理

马拉松比赛的关键区域主要是集结区和冲刺区。在集结区管理方面,由于该区域人员比较密集,在起跑出发后易引发踩踏等群死群伤事件,因此在加大人力投入的同时,要加强各个分区之间的管理,严格审核选手的号码布,管控各个区域人员的进出,避免选手跨区起跑;若参赛选手人数较多,有必要加大各分区之间的缓冲距离或可采取分枪起跑的办法,减小起跑后的人流密度。在冲刺区管理方面,由于选手在最后几公里时体能处于极限,过度坚持易引发猝死风险,因此要加强最后几公里赛道的管理,根据以往的风险案例可知,最后3公里是猝死事件的高发区域,在加大医疗设备及医务人员的投入之外,应加大这一区域的风险宣传,可通过标语提示、志愿者语言提示等形式,提醒选手量力而行。同时可以通过增加这一区域能量补给类型、缩短各个补给点距离的方式,吸引选手停下脚步补充能量,也可避免选手的过度冲刺。此外,在选手到达终点后,同样要加强选手的医疗监督,保证医务人员和医疗设备的充足,并确保急救通道的畅通。

4. 合理安排赛事日程

根据天津市往年的气温条件，最佳的比赛时间可选择在 10 月中下旬至次年的 4 月中旬，这一时间段可以有效地避开高温。赛前组委会应和气象部门进行密切的合作，实时对气象条件进行监测，并根据预测数据及时制定应急预案，保障选手的安全参赛。若预测赛时气温较高，可能严重影响选手健康时，组委会亦可采取提前比赛时间（如从早晨 8 点提前至早晨 7 点）、缩短关门时间、延期、停赛等措施，避免风险事件的发生。此外，组委会在设计赛道时，应充分考虑阳光的照射方向、不同时间段树荫的位置等因素，尽量避免让阳光直射选手，保障选手的安全参赛。

小型路跑赛事计时计圈软件的设计与应用

近年来,路跑运动风靡我国,各类赛事遍布大江南北,路跑运动逐渐成为了一种社会风尚,2019 年我国举办的 1828 场马拉松及相关运动赛事中,有 337 场比赛是迷你马拉松比赛,这类比赛大多是在社区、公园、学校来举行的,非常适合广大民众的广泛参与,受到广大民众的欢迎,有力地推动全民健身运动的开展。

小型路跑赛事得到了广大民众的认可,主要有以下几个方面的优势,一是比赛的经济性。这类比赛参赛人数较少,对于参赛装备、赛中的补给、场地的布置等方面都没有太高的要求,前期不需要大量的经费投入。二是比赛的便捷性,这类比赛一般就近在社区、公园、学校等环境中进行,不需要占用大量的公共资源,如公路、医疗、安保等,不需要政府部门进行过多的协调配合,周末、节假日随时可以举行。三是比赛的经常性。一般大型的城市马拉松都是以年为单位,每年举行一次,因为大型赛事参赛人数动辄数万,会牵扯太多的社会资源,赛前的准备期至少在半年以上,而小型路跑赛事参赛人数多则几百人,少则数十人,组织难度小,可以频繁地举行。因此,贯彻落实健康中国、全民健身国家战略,不仅需要像北马、厦马、上马那些高大上的马拉松赛事,同时更需要一些接地气的、适合广大民众参与的小型路跑赛事,推动全民健身活动广泛深入地开展,对于培养我国路跑人口能够起到润物细无声的作用。

小型路跑赛事比赛距离大多都在 10 公里以内,而公园、社区、校园等特定区域内举行这样的比赛可能无法满足这样的距离,需要进行多圈的比赛,而多圈比赛最大的难点在于记圈和计时工作,中大型路跑赛事普遍采用芯片计时进行记录选手的圈数和成绩,租借这类设备少则万余元,多则数万元,而小型路跑赛事的经费有限,甚至没有经费,如何保证计时、记圈工作的公平、公正是小型比赛的最大难点。传统的田径比赛大多是采用人工计时、计圈的方法,但这类方法并不适用于路跑赛事,因为采用传统的人工计时、计圈方法则需要投入大量的人力资源,小型路跑赛事参赛人数虽然不及中大型路跑赛事,但参赛人数却远大于田径场内中长跑比赛的人数,因此采用传统方法计时、计圈对于小型路跑赛事来说也是难以实现的。介于此,笔者在总结几种传统人工记圈、计时方法的基础上,研究设计了小型路跑比赛记圈、计时软件,通过在一些比赛中的试用,取得了良好的效果,大大提高了终点裁判工作的效率,实现了终点裁判工作的科学化管理与分工,保证了比赛的公平与公正。

一、传统人工计时计圈存在的问题分析

在田径比赛中,造成长距离项目裁判工作出现失误的原因是多方面的,比赛距离长、时间长、裁判员的神经极易疲劳,精力容易分散,加之参赛的运动员人数又多,运动水平参差不齐,差距较大,脱圈现象严重,这些都给裁判工作带来了一定的难度。而目前几种人工记圈方法,在面对上述的问题时,都很难尽如人意,存在着许多不足。

(一)"人盯人"记圈法

"人盯人"记圈法是基层田径比赛中最常用的一种记圈方法。在比赛中,每名裁判员只负责1~2名运动员的计时、记圈、脱圈后单独报圈及其到达终点的名次和成绩。由于参赛运动员人数较多,终点裁判员有限,一般由终点裁判组与计时裁判组来共同完成。总体来看该方法分工明确,责任到人,在记录过程中也不会受到脱圈运动员的影响,操作相对简单。但在实际比赛中,该方法存在着三个方面的问题:首先是每名裁判员各负其责,相互没有监督,一旦任何一名裁判员出现问题,将造成无法弥补的损失;其次是该方法所需要的裁判员人数较多,因为一般长距离项目每组运动员人数都在20人以上,而终点裁判员一般只有8人,若比赛采用电子

计时,没有人工计时组的配合,仅凭终点组的裁判是根本无法实现的;最后,由于较多的裁判员集中在终点位置进行计时、记圈以及报圈,导致终点位置较为混乱,特别是为脱圈运动员单独报圈时,容易干扰其他运动员,导致多跑或少跑。

(二)"总记圈表"记录法

该方法将所有裁判员分为三组,第一组为总记圈组(A、B、C三名裁判员),A裁判员负责报号,B裁判员依次在总记圈表上记录,C裁判员检查核对记录工作,同时观察领先运动员的位置变化及脱圈运动员的人数;第二组为脱圈组(D、E、F三名裁判员),当出现脱圈时,D及时将脱圈运动员的号码报告给E,由E记入已跑圈数格内,并在号码右下角记录位置,F负责监看记录工作。第三组为报圈组(G、H两名裁判员),G裁判员负责当领先运动员进入终点直道时,显示剩余圈数,H裁判员负责当运动员还剩最后一圈时摇铃;终点主裁判负责协调三个裁判组的工作,以及最后一圈时与计时组联络,通报领先运动员的号码。

在实际的比赛中,由于参赛人数较多,实力差距较大,往往会出现以下两个方面的问题,一是当脱圈数及脱圈人数较多时,被脱圈运动员与其他运动员掺杂在一起,总记圈组裁判员很难快速地将运动员小号填入相应的表格,而且及其容易填错位置,导致运动员少跑或多跑;二是由于参赛人数较多,报圈组裁判员一般只能记住领先运动员的圈数,对于名次较靠后或被脱圈运动员的圈数和名次则很难记清,再加之总记圈组未能及时地联络与提示,导致报圈组往往会没能及时给铃甚至漏给铃,影响个别运动员最后的冲刺,甚至导致运动员多跑。

(三)"棋盘式"记录法

该方法分为棋盘组、脱圈组及报圈组。棋盘组必须准备一副棋子和总记圈表,并将每一名运动员的小号码分别写在每一个棋子上,由4名裁判员组成小组,一人报号,一人移动棋子到下一格里,一人负责核对,一人负责将每圈摆好的棋子顺序记录下来。脱圈组和报圈组与总记圈组的脱圈组和报圈组方法相同。这种方法工作时，操作比较麻烦，特别是负责移动棋子的裁判员，当运动员比较集中地通过终点时，很难准确、快速地将棋子移动到相应的位置。

总之，三种记圈方法各有优、缺点，其中"人盯人"记圈方法优点是分工明确、责任到人，裁判员记录不易受到脱圈运动员的干扰，但其缺点是裁判员相互缺乏监督，一旦出错无法弥补；"总记圈表法"和"棋盘法"优点是所需裁判员人数较少，注重裁判员之间的协调配合，缺点是被脱圈数和人数较多时很难快速、准确地将运动员的小号填入相应的位置。

二、小型计时记圈软件的功能特点

在总结与分析几种传统记圈方法优、缺点的基础上，我们设计了计时记圈软件，在一些中、小型比赛中进行试用，取得了良好的效果。和传统的几种记圈方法相比，该软件具有以下几种功能特点。

（一）操作简单

软件操作裁判员只需将通过终点运动员的小号码录入电脑即可，无须判别运动员的名次、剩余圈数及是否被脱圈，电脑会自动识别，显示该运动员的剩余圈数和当时的名次，无论赛场情况多么复杂，脱圈情况多么严重，都不会增加裁判员工作的难度。

在比赛的前几圈，运动员通过终点时往往会出现"抱团"的现象，很难快速进行录入，为此软件设置了全部导入功能，只需一键点击，全部运动员的圈数会自动减少一圈，提高了录入的效率。

（二）自动提醒

在比赛中报圈裁判员既要负责每一圈的翻牌工作，又要负责每一名运动员还剩最后一圈时的摇铃工作，因此很难记清每一名运动员的圈数，特别是排名较靠后被脱圈的运动员。为了避免报圈裁判员摇铃错误或漏摇铃，导致运动员多跑或少跑情况的发生，本软件设置了摇铃提醒功能，自动显示需要给铃的运动员的小号码，以减轻裁判员的工作压力。

当运动员还剩最后一圈时，软件会将该运动员的号码自动变为高亮红色，以提示裁判员该运动员即将结束比赛，应及时和计时裁判员联络，避免计时错误。当运动员比赛结束，剩余圈数变为零，小号码也随之变为绿色。

根据运动员通过终点位置的次数和时间，软件会对运动员进行自动排序，裁判员可大致了解该运动员目前的排名。

（三）记忆保存

比赛结束后软件会生成一个 txt 文件，自动保存比赛的结果，以备赛后的检查与核对。

（四）设备简单

比赛中只需配备一台笔记本电脑即可，电脑若无独立数字键盘，则需另配备一个小数字键盘，以便快速进行录入。

三、计时记圈软件的设计

（一）赛前设置

在图 1 中，点击"编辑"按钮进行赛前设置，包括比赛的组别和比赛的项目，如图 2 所示。之后点击下一步，录入参赛选手的号码。本软件设置了两种输入方法，一种为大、小号码一一对应的录入，这种方法录入时比较费时间，但当运动员在比赛中小号码掉落，可以通过大号码来核实运动员的小号。另一种输入方法比较简便，直接录入小号码的范围即可，如图 3 示例中在"小号区间"内直接输入 1~20，点击"插入"键，运动员的小号即导入软件。如遇缺号，可直接单击左侧相应号码，点"删除"按钮，本例 13 号被删除，最后点击"完成"，结束赛前设置，并生成 txt 文件，自动保存在软件文件夹内。

（二）赛中操作

比赛开始前点击"导入"按钮，将赛前设置好的 txt 文件导入软件。当比赛发枪后点击"开始计时"按钮（见图 1），该时间主要用于对运动员每一次通过终点进行排序，并不能作为官方成绩。当运动员每一次通过终点时，快速录入运动员的小号码在"小号"方框内，并点击"确定"或

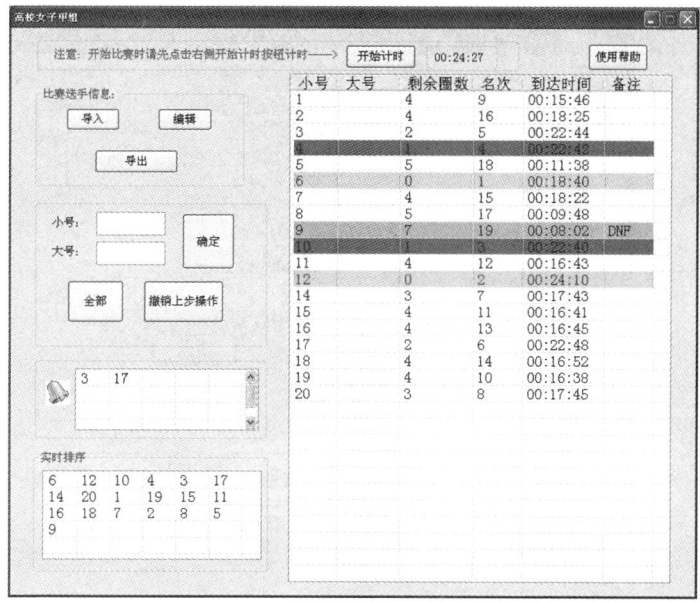

图1 软件页面设计

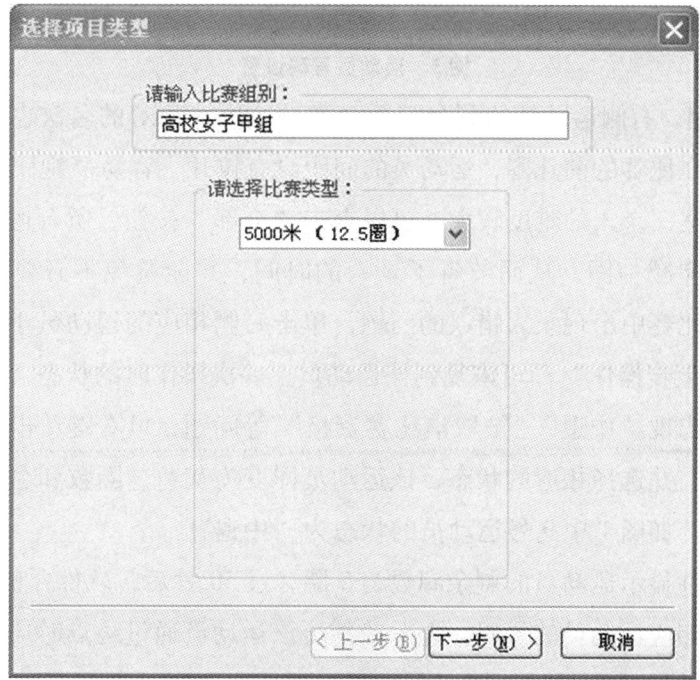

图2 项目与组别设置

图3 运动员号码设置

"回车"键，右侧运动员的剩余圈数会递减一圈，相对的名次也会有所变化。一般在比赛的前几圈，运动员的间距没有拉开，容易"抱团"通过终点位置，逐一录入的难度较大，可以点击"全部"按钮，所有运动员的圈数会自动递减一圈，从而节省了录入的时间，并能避免不必要的录入错误。如在比赛中出现录入错误的问题，单击右侧相应的运动员小号码，点击"撤销上步操作"即可恢复到该运动员上一次操作时的状态。如在比赛中运动员出现"中退""被取消比赛资格"等问题，可右键单击右侧运动员的小号，并选择相应的状态，该运动员即变为灰色，圈数和名次便不再会有变化，如图1中9号运动员的状态为"中退"。

当软件显示运动员的剩余圈数为2圈，过50秒后，软件左侧"铃铛"旁会显示相应运动员的号码，提示裁判员该运动员通过终点时应摇铃，以告知该运动员还剩最后一圈。再次录入该运动员的小号码后，左侧"铃铛"旁的小号会自己消失，右侧相应的小号码会变为红色，提醒裁判员该运动员还剩最后一圈，此时应及时告知手计时裁判组或电子计时裁判准备停表或摄录。当运动员剩余圈数变为"0"时，右侧小号码会变为绿色，表示该运动员比赛结束。左下角的实时排序为运动员上一次通过终点时的比赛顺序，全部录入结束后为运动员的最后名次。

（三）赛后操作

比赛结束后，点击"导出"按钮，比赛结果会自动生成一个 txt 文件，保存在软件文件夹内。

四、计时记圈软件的应用

根据该软件的功能，终点裁判组应设 7 名裁判，一名主裁判负责终点裁判组的整体工作以及与计时组的联络；一名报圈员负责翻牌与最后一圈摇铃；其余 5 名裁判员均为软件操作组（A、B、C、D、E 五名裁判员）。每次运动员通过终点时，A 裁判员负责报号，B 裁判员负责电脑录入，C 裁判员负责总记圈表记录，电脑录入与总记圈表同时记录有助于相互核对与检查，避免录入出现错误，同时，当通过终点的运动员人数较多时，相对于电脑录入来说，纸笔记录会更快一些，因此总记圈表记录对电脑录入是一个有效的补充。D 裁判员负责检查核对，E 裁判员负责修改录入中的错误以及与报圈裁判员进行联络。当电脑录入出现错误时，E 裁判员用鼠标点击相应的号码进行修改，对 B 裁判员的录入工作不会产生任何影响。此外由于报圈员既要负责翻牌又要负责最后一圈的摇铃，任务比较繁重，很难分清每一名运动员的圈数和名次，经常出现给铃错误或没有给铃，因此 E 裁判员还负责根据软件给铃提示的号码，及时告知报圈员，避免出现给铃错误。

五、不足之处

该软件虽在一些比赛中进行了试用，取得了较好的效果，但也存在着一些不足之处，尤其是选手号码的录入功能是影响该软件进一步推广的最大障碍，在今后的更新中，如何提高录入效率是该软件应重点考虑的问题。

校园马拉松赛事组织与发展篇

马拉松竞赛组织模式对发展大学校园长跑的启示

随着国务院《关于加快发展体育产业促进体育消费的若干意见》的颁布以及中国田径协会对马拉松赛事审批制度的取消，我国马拉松赛事及参赛人数呈现出快速发展的趋势，2015年在中国田协注册的马拉松及相关运动赛事为134场，参赛人数为150万，到2016年则迅速增加为328场，参赛人数高达280万，而且这一趋势仍在继续。据中国田协副主席杜兆才预计，到2020年我国马拉松及各类路跑赛事有望达到800场，参赛人数将超过1000万人次。可见，马拉松现在已经发展成为我国最受欢迎、最具影响力的群众性体育赛事。相比城市马拉松的风风火火，校园长跑则显得分外冷清，"校运会取消长跑""学生长跑猝死""学生抵触长跑"等关于校园长跑的负面消息不绝于耳，同样是长跑，两者却形成了鲜明的对比。相反，马拉松比赛的运动强度和比赛风险远高于任何的校园长跑，而且需要参与者支付一定的费用，但仍能吸引广大民众的积极参与，究其原因，值得我们深思。为此，本文通过对我国马拉松赛事竞赛组织和赛事运营模式进行深入分析，探究大型马拉松赛事的组织优势，为发展校园长跑提供一点启示。

一、竞赛组织启示

（一）项目形式多样

2016年我国的马拉松及相关运动赛事达到了324场，其中全程和半程马拉松共计253场，占到了所有赛事的78%，而这些以全程或半程为主的路跑赛事为了吸引不同层次民众的参与，满足不同跑者的需求，绝大多数赛事还设置了 5 公里、10 公里跑等，另有一些赛事还别出心裁地设置了家庭跑、亲子跑、情侣跑、记者跑、儿童跑、Cosplay 接力跑等项目，新颖的跑步形式能够吸引更多的民众来参与跑步，毕竟能够完成全程或半程马拉松的民众只占少数，以 2017 年郑开马拉松为例，参赛人数总计 49000 人，其中全程马拉松和半程马拉松参赛人数分别为 9000 人和 6000 人，而 5 公里马拉松（含亲子马拉松、情侣马拉松）达到了 34000 人，占到了全部参赛人数的 69.4%。但 5 公里跑在大型的马拉松赛事中只能算是配角，毕竟都不足全程马拉松八分之一的距离，但为何能吸引如此之多的民众参赛，其主要原因是其新颖的参赛形式，很多情侣手牵手跑过终点、很多父母陪着孩子跑过终点……但 5 公里跑对于很多大学生来说，那简直是噩梦，体质测试中长跑项目测试后田径场边的呕吐，校运会中长跑项目的难以开展等，同样是长跑为何差异如此之大，校园长跑活动组织开展形式的单一是学生不愿意参加长跑活动的一项重要原因，若活动形式新颖、项目设置多样必定能吸引学生来参与。学校可以充分利用大学生的课余时间，组织形式多样的长跑比赛，如班级跑、宿舍跑、情侣跑等，变化各种组织形式吸引学生参与锻炼。

（二）路线设计优美

马拉松的路线设计除了要求赛道尽量平坦减少起伏、起终点附近足够宽阔等因素外，赛道沿途的风景是很多赛事主办方考虑的一项重要内容，将城市的名胜古迹、标志性建筑、优美的风景带作为线路设计的基础，是对举办城市的环境风貌与人文景观的最好宣传和展示，参赛者在跑步之余欣赏着沿途的美景，使跑步变得不再枯燥。相比较马拉松赛事而言，校园长跑则显得比较枯燥，很多长跑练习、活动或测试都是在田径场内进行的，一圈圈的跑步必然激发不起学生的学习兴趣，甚至让他们感到厌恶。因此，校园长跑的组织开展也应该仿造马拉松赛事的路线设计，将长跑活动转移到校园内的公路上，让比赛途径教学区、宿舍区、活动区等，沿途同学的欢呼与加油，更能够激发起学生的参赛激情，从而带动更多的学生参与。

（三）时尚元素丰富

目前很多马拉松赛事为了吸引更多的年轻人参与，处处都融入了时尚的元素，小到参赛服、号码布、奖牌的设计，大到比赛场地的布景、沿途的音乐加油站，等等，努力把马拉松赛事打造成为一个大型的时尚盛会。如某女子马拉松赛事将起终点、赛道周边的布景及参赛服等全部设计为粉色，来吸引年轻女性的参与。此外，马拉松已经成为很多年轻人展示自我，张扬个性的秀场，各种奇装异服、创意百出的 Cosplay 为比赛增添了一道道亮丽的风景。沿途美景、优美的音乐、奇幻的 Cosplay，使枯燥的跑步变得妙趣横生，这也是当前我国城市马拉松受到大众追捧的一项重要原因。在 2016 年我国全程和半程马拉松参赛选手年龄段分布中（见表1），30 岁以下跑者占到了较高的比重，这也说明越来越多的年轻人参与到了马拉松运动中来。相反，校园长跑开展却举步维艰，愿意参与跑步活动的大学生则越来越少，普遍认为长跑运动枯燥乏味，缺乏兴趣。因此，校园长跑的开展应借鉴马拉松赛事的办赛优势，不断融入时尚的元素来吸引广大学生的积极参与，学校体育部门应为学生创设平台，发挥学生的想象力，加入更多年轻人喜欢的元素，将校内的长跑活动变成一项全校师生共同参与的盛会。

表1 2016年我国全程和半程马拉松年龄段分布

年龄段	19－23	24－29	30－34	35－39	40－44	45－49	50－54	55－59	0.8%	0.3%
百分比	11.1%	26.7%	18.8%	15%	13.4%	9%	4%	1.4%	60－64	>65

（四）起跑仪式隆重

目前我国马拉松赛事的起跑仪式都非常隆重，大多数赛事都会有领导致辞、文艺表演、明星助阵，等等，既活跃了现场的气氛，也使得现场充满了仪式感。而在众多马拉松赛事中，起跑仪式最为壮观的莫过于北京马拉松，开赛前三万名参赛选手和周边观赛群众齐唱国歌，鼓舞着每一名参赛选手勇往直前，场面极为震撼。而对于校园长跑活动来说，隆重而特别的起跑仪式有助于营造出一种热烈现场的氛围，进而能够激发学生的参赛热情。

二、赛事运营启示

目前我国马拉松赛事的运营模式主要有三种，第一种是由地方政府成立赛事组委会，直接负责整个赛事的运营。第二种模式是由地方政府承办，并由一些赛事运营公司协办，政府不再担当赛事的运营主体，只是在宏观层面和赛事运营的必要环节给予支持。第三种模式是由企业、事业单位等承办，通过委托代理的方式聘请专业的体育经纪公司单独运营赛事。随着我国马拉松赛事的快速发展，由赛事公司单独运营的马拉松赛事正逐渐成为一种主流趋势，而且这种趋势正逐渐进入校园，目前一些赛事运营公司开始把业务延伸至校园路跑，如中国大学生马拉松联赛、U-RUN校园跑步系列赛等都是由赛事运营公司联合大学打造的校园路跑赛事，不仅办赛专业，还融入了大量的时尚元素，受到了广大学生的欢迎，掀起了校园路跑高潮。因此，大学应引进赛事公司参与办赛，提高赛事层次，用一场优质的跑步赛事来吸引学生参与，为学生创造更好的参赛体验，从而让学生来享受跑步带来的乐趣，并逐步将跑步作为一种终身的健身方式。

城市马拉松热潮下
大学校园长跑的困境与出路

随着国务院《关于加快发展体育产业促进体育消费的若干意见》的颁布以及广大民众健身意识的不断提高，我国的城市马拉松呈现出一种井喷的态势，各类路跑赛事遍布大江南北，2015年在中国田协注册的马拉松及相关运动赛事为134场，到2016年则迅速增加为328场，而且这一趋势仍在继续。广大民众的参赛热情持续高涨，跑步运动已成为一种生活的时尚，越来越受到大众的热爱和追捧，许多热门赛事更是"一跑难求"，需要"摇号"才能获得参赛的机会。与之相反，大学校园长跑活动却备受冷落，学生不喜欢长跑，谈"跑"色变，而近年来多地出现的猝死事件，也使许多高校不敢开展长跑活动，害怕出现伤害事故而承担责任，甚至连校田径运动会的长跑项目也被取消。一边是城市马拉松的持续升温，而另一边是大学校园长跑的冷冷清清，两者形成了鲜明的对比。而马拉松比赛的运动强度和比赛风险远高于任何的校园长跑，但却引得无数国人的参与，原因何在，值得我们深思。本研究将从大学开展长跑活动所面对的问题出发，通过对我国城市马拉松竞赛组织模式进行深入剖析，探寻发展大学校园长跑的途径与出路，进而推进我国大学生的体质健康水平。

一、大学开展长跑运动的现状与困境

大学生是社会的希望、国家的栋梁、祖国建设的生力军，大学生的体质健康水平直接关系着整个民族的发展与振兴。从1985年到2014年的历次全国学生体质健康调研结果显示，我国大学生的体质健康状况呈持续下降趋势。其中尤以耐力素质的下降最为明显，与1985年相比，肺活量下降了近 10%，大学女生 800 米跑成绩下降了 10.3%，男生 1000 米跑的成绩下降了 10.9%。此外，2014 年全国学生体质健康调研结果还显示，26.94% 的大学生不喜欢参加长跑锻炼，分别比小学生、初中和高中生高出 15.73、8.69、0.18 个百分点。而造成这种现象的根源，除了家庭、社会的原因外，学校体育必然难辞其咎。为了深入了解大学校园长跑运动的开展状况，笔者以天津市高校为例进行个案分析，对天津市部分高校（25 所）进行了走访调研，掌握了翔实的资料。

(一) 体育课中关于中长跑的开设情况

"三自主"教学模式是学生自愿选择上课内容、上课时间、上课教师，有利于激发学生的学习兴趣，提高教师的教学质量。从调研结果来看，25 所高校中没有一所高校将中长跑或田径作为体育课的选项内容（见表1），究其原因，不外乎学生不愿意练、项目枯燥乏味、教学不好组织，等等。仅有 9 所高校将中长跑作为身体素质练习安排在教学大纲中，要求每节课都进行练习，虽开展形式各有不同，但基本都是安排在下课前的 20 分钟左右进行身体素质练习。从形式上看安排较为合理，有利于提高学生的身体素质，但通过深入了解，大部分课堂都只是流于形式，很少严格按照大纲执行，关键是很少有学生能够坚持去跑 20 分钟，也更谈不上运动强度。其他 16 所高校体育课没有任何关于中长跑的内容，只是在每年的体质测试前安排几次长跑练习。

表 1　天津市部分高校体育课中长跑开展情况统计表

体育课设有中长跑项目	体育课中安排了有关中长跑的身体素质练习	体育课中没有关于中长跑的任何内容
0	9 所	16 所

(二) 田径运动会中长跑项目设置情况

在调研的 25 所高校中，每年都定期举行校田径运动会，基本都设有中长跑项目，但整体开设情况却并不乐观。大部分学校最长距离项目为男子3000千米、女子1500米，仅有3所院校的男子项目能达到5000米，而另有5所院校的最长距离仅为男、女800米。造成这种情况的原因主要有三个方面，一是大部分学校出于学生安全考虑，害怕出现伤害事故，学校承担责任，因此校运会的长跑项目逐年变短。二是目前大学生体质普遍下降，"谈跑色变"，很少有学生愿意报名参加长跑比赛。三是很多学校对田径运动会并不够重视，仅仅安排半天的时间举行田径运动会，因此长距离项目被取消则成为必然。

（三）冬季阳光长跑开展情况

为了扭转学生体质健康不断下滑的状况，2006年12月，教育部、国家体育总局以及共青团中央共同发布《关于开展全国亿万学生阳光体育运动的决定》，并于2007年举办了"阳光体育与奥运同行冬季长跑活动"，并在此基础之上提出从2008年10月26口开始举办以"阳光体育与祖国同行"为主题的冬季长跑活动，到目前为止已举办了十届，但能坚持下来的学校却寥寥无几。最初大部分学校迫于行政压力起跑仪式搞得风风火火，但仪式之后的配套长跑活动却有悖于初衷。在调查中发现，目前仅有12所院校仍坚持组织学生每天晨跑，主要是由校团委或各个院系组织，但大多都流于形式，很少有学生借此进行锻炼，晨跑也变成了打卡或签到，缺乏相应的组织与管理。其原因主要有两方面，一是目前大部分学校的在校学生人数都在万人以上，部分高校达到了三、四万学生，而对于这么庞大的人群进行晨跑管理，大部分高校显然是难以做到精细化管理。二是大部分学生对晨跑都抱有抵制心理，多以应付为主。因此，短短几年之后"冬季阳光长跑"在很多学校早已销声匿迹。此外，在政策实施之初，很多学校还配套举行了阳光长跑比赛，基本形式都是以院系为单位派队进行参赛。在调研的25所高校中，目前有10所高校仍坚持每年冬季举行长跑比赛，但参赛规模和比赛距离都不尽如人意，部分学校仅以多人400米接力的形式进行比赛，而有的学校的参赛人数则不足百人，缺乏影响力。

从上述分析来看，中长跑运动在大学中的开展状况实在令人唏嘘，这不仅是大学生体质普遍下滑的一个缩影，同时也反映出了学校体育工作开展的不足。毋庸置疑，纯粹的长跑运动确实枯燥乏味，再加上现在学生普遍体质较差、意志品质薄弱等原因，要想通过行政命令来督促学生去坚持长跑，确实难以去长久执行，关键是如何去激发学生的练习兴趣，而当前我国如火如荼的城市马拉松运动则给了我们一个很好的答案。

二、我国城市马拉松快速发展的原因与启示

（一）我国马拉松赛事快速发展的原因分析

近几年来我国马拉松赛事呈现出一种井喷的态势，各类赛事遍布大江南北，主办城市逐步由一、二线城市向三、四线城市发展，2015年在中国田协注册的马拉松及相关运动赛事为134场，到2016年则迅速增加为328场，而且这一趋势仍在继续。据中国田协副主席杜兆才预计，到2020年我国马拉松及各类路跑赛事有望达到800场，参赛人数将超过1000万人次。我国马拉松为何发展如此之快，主要有以下几个方面的原因：一是随着我国社会经济文化的快速发展，广大民众健康意识不断提高，参加体育运动的热情越来越高涨。而跑步是广大群众健身的最基本形式，与其他运动项目相比，跑步技术门槛低、群众参与度高、健身效果好，简单经济，适合大部分人群，从国民体质监测报告中我们可以看到，在所有的体育锻炼人群中，跑步人群规模最大。二是马拉松比赛以城市的公路为赛道，社会关注度高，有利于举办城市借此进行城市营销，宣传城市的经济文化风貌，进而拉动旅游等相关经济的发展。三是随着我国马拉松赛事审批制度的取消，办赛主体逐步多元化，一些企业、学校、俱乐部及赛事公司等都加入到了办赛的队伍当中，再加上各类社会资本的注入，我国马拉松赛事如雨后春笋，遍布大江南北。

（二）马拉松竞赛组织模式对发展校园长跑的启示

即便我国马拉松赛事遍地开花，但一些热门赛事仍是"一跑难求"，不仅需要交纳较高的报名费，还需提供以往的完赛成绩，才能有资格通过

摇号来获得参赛资格。以我国知名的北京马拉松为例,2016年报名人数多达6万多人,最终通过摇号选出3万人参赛,竞争可谓激烈。这与校园长跑的冷清形成了鲜明的对比,那么马拉松赛事缘何能在众多体育项目中受到大众的热捧,除了跑步技术门槛低外,其竞赛组织模式存在着以下几种优势,值得校园长跑借鉴:一是赛事形式多样。很多马拉松赛事不仅设有常规的全程和半程马拉松等项目外,还设有情侣跑、家庭跑、亲子跑、公益跑等项目,吸引着不同层次民众的参加。如某马拉松把情侣跑的主题定为"将爱情进行到底",吸引了很多青年男女的参赛;而一些公益跑则是要求参赛者只要完成全程,就会由赞助商为贫困地区赞助一笔资金,等等,各类赛事形式多样,不胜枚举。二是时尚元素丰富。目前一些热门的马拉松赛事处处都融入了时尚的元素,小到参赛服、号码布、奖牌的设计,大到比赛场地的布景、沿途的音乐加油站,等等,吸引着年轻人的参与。三是注重选手服务。各类马拉松赛事从选手报名开始不断推送各类赛前的训练、饮食、天气相关参赛信息,指导选手安全参赛;赛中设置饮水、饮料及食物等,为选手提供能量补给;赛后为选手提供医疗指导等服务,注重大众的参赛体验。四是注重安全保障。马拉松赛事为每一名参赛者都购买了保险,而且要求参赛者必须在正规医院开具体检证明方可参赛。此外,赛事主办方除在沿途固定点位设置医疗点及医疗志愿者外,还设置了大量的流动医师第一时间对跑者进行救援。

三、大学校园长跑的发展策略

运用SWOT分析法对发展校园长跑所处的内外环境进行分析,紧密联系实际,找出开展校园长跑过程中的优势与不足,并提出相应的解决思路,以期为进一步推动校园长跑的发展提供有益的借鉴与参考,进而提高学生体质。

(一)优势

1. 校园面积广阔,易于开展多种形式的长跑活动

2000年以后,我国高等教育实行扩展以来,高校招生人数成倍增长,

原有校区面积难以满足教学的需求，很多高校都在城市外围建设了新的校区。而多数高校新建校区不仅面积广阔，而且环境优美，远离了外界环境的干扰，这一优势为高校开展校园长跑活动创造了得天独厚的条件。充分利用校园内的道路开展各种形式的长跑活动，如校园迷你马拉松、校园长跑接力赛、校园夜跑等，更容易激发学生参加活动的兴趣，满足学生的锻炼需求，丰富校园文化生活。而传统的长跑教学、竞赛活动一般都是在田径场上进行的，机械乏味的练习形式，一圈圈的周期性运动，很难激发学生的练习兴趣，再加上长跑运动本身的项目特点，因此很少有学生愿意参加长跑活动。相反，城市马拉松能够吸引广大民众积极参与的原因之一就是沿着城市的公路跑，边跑边欣赏城市的风景，避免了跑步的枯燥乏味，再加之赛道两边群众的呐喊与助威，更激励着参赛者去挑战自我，努力去完成比赛。

2. 跑步技术门槛低，易于广泛开展

大部分高校每年都组织一些体育赛事来提高学生体质，丰富校园文化，但总体来看受众面积小，参与率低，大部分参赛群体都是各个院系的体育尖子生，他们肩负着为本学院或系部争得荣誉的责任，而对于大部分学生来说参与学校体育赛事的机会则少之又少，再加之很多项目需要较高的技术基础，限制了学校体育活动的广泛开展。而跑步运动没有任何技术门槛，组织形式灵活多样，不需要固定的比赛场地，便于学生广泛参与。因此高校应充分利用校园优美环境，多开展一些鼓励广大学生通过自身努力完成比赛的校园长跑活动，进而来激发学生对跑步的兴趣。

(二) 劣势

1. 学生对长跑运动普遍存在抵触心理

"谈跑色变"是普通大学生广泛存在的问题，每年一度的体质测试800/1000米，成为很多大学生的"恶梦"，学生普遍对长跑存在抵触心理。而形成这种现象的根源，除了项目本身的特点外，更为关键的是长久以来从基础教育开始长跑活动便是围绕田径场地一圈圈机械的运动，枯燥乏味,特别是中小学的晨练多以整班排队的形式跑进,限制了学生活动的自主性,缺少激励机制,渐渐地学生对长跑便产生了厌倦心理,而想要扭转这种心理,由"要我跑"转变为"我要跑",确实需要高校体育工作者多下功夫,在活动形式、场地、路线等方面寻找突破口,来转变学生对长跑的态度。

2. 赛事筹备时间长,人力、物力投入较大

一般来说,大学校内的体育赛事都是由学校的体育部门来牵头组织,部分大学的体育部都专门设有负责群体竞赛的领导来主抓校内体育竞赛,而对于一些大型的校内体育活动都需要长时间的筹备,投入大量的人力、物力、财力,如举办一届校田径运动会,学校体育部门需要提前数月进行准备,后勤、安保、医务、教务、宣传等部门协同配合才能成功地举办一届校田径运动会,组织难度远比其他一些球类等项目的难度大。长跑比赛虽然比赛形式单一,但若利用校内道路进行比赛则就需要投入更多的精力去筹备,当然更离不开学校各个部门的通力配合。因此,这也是很多学校不愿意组织校内长跑赛事的重要原因之一。

(三)机遇

1. 马拉松热潮席卷全国

近几年来我国马拉松赛事发展迅猛,从2011年全年仅十几场赛事到2016年的328场,各类赛事遍布大江南北,呈现出一种井喷的态势。马拉松赛事每到一处,便成为一次全城的狂欢,广大民众共享着跑步盛宴。再加之舆论媒体的广泛报道,马拉松运动逐渐成了一种青年人追求的时尚。据中国田径协会2016年马拉松年会公布的数据显示,在参加马拉松赛事的人群中,24—29岁年龄段占到了26.7%,为各年龄段最多,19—23岁年龄段占到了11.1%,从数据可以看出30岁以下的青年人已成为马拉松赛事的生力军,越来越多的年轻人选择跑步、选择马拉松作为休闲健身的方式,这股席卷全国的马拉松热潮必将带动校园长跑的快速发展。而任何一项马拉松赛事的成功举办都离不开辛勤服务的志愿者,以北京马拉松为

例，仅志愿者人数就达到了 6000 余人，而这些志愿者均来自于北京市的各个高校的学生。广大学生志愿者为马拉松赛事付出的同时，也深切感受到了马拉松运动的魅力，吸引着广大学生加入到跑步热潮中来。

2. 体育赛事公司积极赞助学校体育赛事

随着国务院《关于加快发展体育产业促进体育消费的若干意见》的颁布，我国体育产业迎来了前所未有的发展机遇期，各类体育赛事公司如雨后春笋，发展迅速，特别是随着我国马拉松赛事审批制度的取消，一大批体育赛事公司应用而生，很多赛事公司在运营一些大众体育赛事的同时，把目光投向了大学校园体育赛事。而在众多项目中，长跑是各赛事公司最为青睐的体育项目，因为长跑比赛参赛人数多，比赛规模大，更容易产生"集聚效应"，能够更好地进行广告宣传。目前在我国各地高校举行的中国大学生马拉松联赛、U–RUNING 联赛等校园路跑赛事都是由赛事公司赞助或运营的校园长跑赛事，广受我国高校学生的欢迎。赛事公司的赞助与运营减小了学校办赛的开支，提高了赛事的品质，使校园长跑赛事更加专业化，特别是在营造比赛现场氛围方面更胜一筹，有利于吸引更多学生的积极参与。

（四）挑战

1. 校园长跑猝死事件频现

近年来，校园长跑猝死事件频发。据不完全统计，2012—2014 年度先后有 40 多人在中长跑后发生猝死，接二连三发生的猝死事件引起了民众的普遍担忧和媒体的广泛热议，同时也将学校体育推到了风口浪尖。长跑运动成了猝死的"替罪羊"，一些学校在重压之下，不得已将长跑逐出了晨练、课堂及田径运动会。再加之近年来随着我国马拉松赛事的迅速发展，参赛人群的不断扩大，个别马拉松赛事中出现的猝死事件被媒体无限放大，进而也对校园长跑运动的广泛开展设下了层层的障碍。

2. 新兴体育项目不断涌入校园

随着我国经济社会的不断发展，一些国外的体育项目不断涌入我国，甚至进入了大学体育课堂，特别是一些较为时尚的新兴体育项目，如攀岩、轮滑、素质拓展、野外生存、普拉提等，受到了广大学生的偏爱，个别经济实力较强的高校为了满足学生多元化的需求，甚至开设了高尔夫项目。新兴体育项目的不断涌入对校园传统体育项目也产生了较大的冲击，其中尤以体操和田径被影响最甚，体操项目早已在高校体育中绝迹，田径中长跑作为体质测试必测项目得以保留，但处境堪忧。因此，想要广泛开展长跑项目，需要学校体育工作者不断拓宽思路，转变传统组织观念，吸引更多的学生加入到跑步运动中来。

四、促进大学校园长跑发展的 SWOT 分析矩阵

本文通过对广泛开展校园长跑所存在的优势与劣势以及外部所面对的机遇与挑战进行全面的分析，进而构建了 SWOT 分析矩阵，并提出了 4 类组合发展策略（见表1）。

表 1　校园长跑发展策略

	优势（S）	劣势（W）
	S1 校园面积广阔，易于开展多种形式的长跑活动 S2 跑步技术门槛低，易于广泛开展	W1 学生对长跑运动普遍存在抵触心理 W2 长跑赛事筹备时间长，人力、物力投入较大
机遇（O）	战略 1（SO 开拓型战略）	战略 2（WO 争取型战略）
O1 马拉松热潮席卷全国 O2 体育赛事公司积极赞助学校体育赛事	SO1 充分利用城市马拉松赛事的影响力，开展形式多样的校园迷你马拉松 SO2 借鉴赛事运营公司的办赛理念，结合学校的人文景观，打造具有本校特色的路跑赛事	WO1 转变传统的学校办赛思路，不断融入时尚元素，吸引学生积极参与 WO2 积极引进社会资本，与体育赛事公司联合办赛，减少学校办赛的人力、物力、财力成本
挑战（T）	战略 3（ST 抗争型战略）	战略 4（WT 保守型战略）
T1 校园长跑猝死事件频现 T2 新兴体育项目不断涌入校园	ST1 普及长跑健身知识，建立风险预警机制，完善医疗救助体系 ST2 创办路跑社团，组织不同形式的校园路跑活动，营造校园长跑氛围	WT1 弘扬马拉松精神，提高自我风险防范意识 WT2 坚持以学生为本，学习先进办赛经验，提高赛事质量，注重参赛体验

从表1可知广泛开展校园长跑的劣势大于优势，机遇大于挑战。因此要想改变校园长跑的发展现状，必须在规避劣势的同时发挥优势，同时也要善于把握机遇，积极应对外界挑战，并综合运用4种战略组合，组织形式多样的校园路跑活动及赛事，吸引学生广泛参与，提高学生体质。

马拉松运动训练与竞赛篇

优秀运动员黄鑫备战 2020 年南京马拉松赛前训练负荷与调控的研究

2004 年国际路跑协会规定了马拉松赛道丈量的方法和要求，并规定正式比赛必须采用琼斯技术器进行赛道丈量，从此马拉松便有了世界纪录。近 20 年来，马拉松世界纪录不断被打破，不断地挑战着人类的极限。在以基普乔格为代表的男子运动员方面，不断向 2 小时大关发起着冲击，2022 年基普乔格再次将男子马拉松纪录提高至了 2：01：09。在女子马拉松运动方面，2019 年肯尼亚选手科斯盖以 2：14：04 的成绩打破了拉德克利夫尘封 16 年的世界纪录，这也是世界女子马拉松男女混合赛首次跑进两小时十五分钟。与世界马拉松竞赛成绩相比，我国女子马拉松运动员曾在世界上取得过举世瞩目的成绩，2006 年周春秀以 2：19：51 勇夺首尔马拉松桂冠，稳居当年世界第二名；2007 年周春秀以 2：20：38 成绩力挽狂澜占据世界排行榜第一名；2008 年厦门马拉松张莹莹以 2：22：38 成绩夺冠；2009 年柏林世锦赛白雪凭 2：25：15 夺冠，她们的崛起使中国女子马拉松站在国际顶尖水平。但是近几年我国女子马拉松成绩下滑较为严重，2020 年东京奥运会女子马拉松比赛中，我国有四名选手参赛，但成绩均不够理想，最好成绩仅为张德顺跑出的 2：37：45，位列第 47 位。

黄鑫是我国辽宁省马拉松运动员，也是我国女子马拉松运动员中的后起之秀，近两年来取得较好成绩，2019 年全国马拉松锦标赛——衡水站成绩为 2：46：42，2020 年天津滨海新区官港半程马拉松成绩为 01：16：35，具有较大的潜力，对其训练负荷进行研究具有一定的意义。赛前训练是运动员取得优异比赛成绩的重要环节，本研究以马拉松运动员黄鑫赛前训练为研究对象，全程跟踪记录黄鑫每堂训练课的负荷量与负荷强度安排及完成情况，并详细测量黄鑫赛前1个月的心率、乳酸、尿十项、血红蛋白等生理生化指标，通过综合分析，将所测数据及时向教练员反馈，帮助教练员更充分了解黄鑫的机体状态，对负荷安排进行及时的调控，为备战2020年南京马拉松保驾护航。

一、黄鑫备战2020年南京马拉松赛前负荷分析

教练员根据黄鑫赛前训练的具体情况，将九周训练划分为四个阶段。期间每阶段的内容是不同的，以黄鑫备战2020年南京马拉松赛的赛前训练计划为例，通过全程跟踪记录，翻阅教练训练计划和运动员训练日记，将训练具体内容进行详细汇总。

（一）过渡调整训练阶段分析

过渡调整训练阶段是从2020年9月28日至10月11日，其主要任务是以一般耐力训练为主来调整黄鑫的机体状态，将过渡调整阶段和恢复训练阶段进行有效衔接。该阶段共25节训练课，总跑量为306km（见表1和表2），其中一般耐力训练跑量为238km，专项耐力训练跑量为58.9km，专项耐力训练量相对较少，仅占到训练总跑量的19.25%，这也进一步印证了该阶段训练的主要任务是以恢复为主，因此训练强度较低。每堂训练课的平均跑量为12.24公里，对于黄鑫来说，相对较为轻松。

在这两周的训练中，专项耐力训练仅进行了两次，第二周的专项耐力训练负荷最大，黄鑫以3∶55的配速完成了20km，并在心率恢复至110次/分钟左右，紧接着采用间歇训练法完成了（2000m快+400m慢）*5，目的是增强黄鑫在比赛中的专项耐力。

表1 黄鑫赛前训练第一阶段的训练内容（第一周）

	上午训练			下午训练		
	训练量	成绩	配速	训练量	成绩	配速
周一	12km	00：55：28	4：37	10km	00：51：37	5：09
周二	12km	01：03：02	5：15	10km	00：47：59	4：48
周三	12km	00：57：52	4：49	10km	00：51：12	5：07
周四	15km	01：12：04	4：48	休息		
周五	12km	00：58：03	4：50	10km	00：46：13	4：37
周六	12km+300*3	00：39：30	3：56 / 0：55	10km	00：48：36	4：52
周日	12km	00：56：32	4：42	休息		

注：总量137.9km、专项耐力12.9km、一般耐力125km

表2 黄鑫赛前训练第一阶段的训练内容（第二周）

	上午训练			下午训练		
	训练量	成绩	配速	训练量	成绩	配速
周一	12km	00：56：45	4：43	10km	00：46：03	4：36
周二	12km+200*5	00：44：13	3：41	12km	00：55：17	4：48
周三	15km	01：11：37	4：46	10km	00：47：02	5：07
周四	(2000快+400慢)*5+400*5		7：00 / 1：18	12km	00：53：34	4：28
周五	15km	01：15：47	5：03	10km	00：50：08	5：01
周六	20km+100*10	01：18：27	3：55 / 0：16	10km	00：50：00	5：00
周日	15km	01：17：17	5：09	休息		

注：总跑量169km、专项耐力46km、一般耐力123km

（二）恢复训练阶段分析

恢复训练阶段是从 2020 年 10 月 12 日至 2020 年 10 月 18 日，其主要任务是继续提高一般耐力为主。该阶段为期 1 周，共 12 节训练课，最后一次课为参加比赛。与上一阶段相比，单周总跑量略有下降，本周总跑量为 142km（见表 3），下降幅度不大。由于本阶段仍然是以发展一般耐力为主，发展专项耐力的跑量相对较少，约为 29km，仅占到本阶段跑量的 20.42%。专项耐力训练方法主要采用间歇训练法和比赛法，其中周四采用的间歇训练法主要的练习手段为（400m 快 +200m 慢）*20 次，要求每组 80 秒完成，训练强度较大，黄鑫较好地完成了本堂训练课。此外，10 月 18 日（周日）是本阶段的最后一堂训练课，黄鑫参加了天津滨海新区官港半程马拉松比赛，以达到以赛代练的目的，本次成绩达到了预期的训练目的，黄鑫取得了第一名，成绩为 01：16：35，平均配速为 3：36。在一般耐力训练方面，总跑量为 113 公里，训练配速均在 4：30 以上，整体强度不大。整体来看，本周训练负荷安排较为合理，达到了预期的训练目的，为之后的强化训练阶段做好了准备。同时，通过比赛强化了黄鑫比赛的节奏，检验了比赛战术的安排，也增强了黄鑫的自信心，为 2020 年南京马拉松比赛积累比赛经验。

表 3　黄鑫赛前训练第二阶段的训练内容（第三周）

	上午训练			下午训练		
	训练量	成绩	配速	训练量	成绩	配速
周一	12km	00：58：53	4：54	10km	00：46：08	4：36
周二	12km	00：59：58	4：59	10km	00：48：09	4：48
周三	12km	00：59：30	4：57	10km	00：46：33	4：39
周四	（400 快 +200 慢）*20		1：20	10km	00：46：24	4：38
周五	12km	00：58：22	4：51	10km	00：46：23	4：38
周六	11km	00：50：00	4：32	休息		
周日	21.0975km（比赛）	01：16：35	3：36	休息		

注：总量 142km、专项耐力 29km、一般耐力 113km

此外，本阶段对黄鑫的技术进行了改进，主要包括以下几个方面：一是调整黄鑫蹬摆的方向，以减小重心的波动；二是适当地缩小步长，提高步频；三是合理地分配每公里的配速，提高节奏的稳定性，合理分配体能。

（三）强化训练阶段分析

强化训练阶段作为赛前训练阶段的关键期，不仅对运动员的训练量和训练强度上进行严格把控，还需要对黄鑫的心理和膳食进行合理的调控，为高强度训练做好准备工作。

强化训练是从2020年10月19日至2020年11月15日，共计4周的训练课，该阶段是赛前训练最重要的阶段，主要任务是在继续提高运动员的一般耐力同时加强运动的专项耐力，并按照比赛环境等实际情况全方位地完善技术、强化全程训练节奏。从表4-7可知，该阶段周跑量达到了836公里，平均每周跑量达到了209公里，单周的跑量明显增加，尤其是第四周和第六周跑量均在230公里以上，明显高于前两个阶段的跑量。其中，第四周跑量为234公里，专项耐力跑量为52km，专项耐力跑量占总跑量22.22%，该周不论是训练量还是训练强度都较之前大幅度增加。由于第四周的训练负荷较大，第五周训练量略有下降，但训练强度依然保持着较高的要求，本周高强度的跑量为51km，与上周基本持平，占到第五周训练总量的25.25%，专项耐力训练比重明显加大，这与比赛前更加突出专项耐力的发展有着直接的关系。在第五周高强度训练的基础上，第六周训练负荷强度继续加大，专项耐力跑量达到了66km，较上一周增加了15km，占到本周总训练量的28.57%，不论是专项耐力训练量和比重均为强化训练阶段之最（见图1），连续三周专项耐力训练量持续增加，逐步接近实战。赛前训练第七周是强化训练阶段的最后一周，因为上周六30公里专项耐力训练后，黄鑫生理生化指标异常，教练员及时调整训练内容，降低了本周的训练负荷，本周一般耐力训练和专项耐力训练分别降至153公里和16公里，负荷下降幅度明显，教练通过降低训练负荷来调整黄鑫的训练状态，避免出现过度疲劳，同时也可以起到超量恢复的效果，为两周后的比赛奠定基础。

表 4　黄鑫赛前训练第三阶段的训练内容（第四周）

	上午训练			下午训练		
	训练量	成绩	配速	训练量	成绩	配速
周一	12km	00：58：19	4：51	10km	00：48：58	4：54
周二	12km	00：58：00	4：50	12km	00：56：46	4：44
周三	12km	00：58：28	4：52	10km	00：48：03	4：48
周四	12km	00：59：48	4：58	(4000m快+400m慢)＊3		13：40
周五	12km	00：58：30	4：52	15km	01：11：05	4：44
周六	40km	02：46：47	4：10	休息		
周日	15km	01：17：54	5：10	休息		

注：总量234km、专项耐力52km、一般耐力182km

表 5　黄鑫赛前训练第三阶段的训练内容（第五周）

	上午训练			下午训练		
	训练量	成绩	配速	训练量	成绩	配速
周一	12km	01：01：02	5：05	15km	01：14：51	4：59
周二	17km	01：22：05	4：49	15km+200＊5	00：55：42	3：42　0：35
周三	18km	01：29：07	4：57	15km	01：13：47	4：55
周四	16km	01：22：04	5：07	(2000m快+400m慢)＊8		6：50
周五	17km	01：22：03	4：49	15km	01：13：05	4：52
周六	休息			休息		
周日	35km	02：17：54	3：56	10km跑	00：49：51	4：59

注：总跑量202km、专项耐力51km、一般耐力151km

表6 黄鑫赛前训练第三阶段的训练内容（第六周）

	上午训练			下午训练		
	训练量	成绩	配速	训练量	成绩	配速
周一	12km	00：58：22	4：51	15km	01：10：12	4：40
周二	15km	01：00：02	4：00	20km+（200快+200慢）*5	01：14：24	3：43 0：35
周三	12km	01：00：00	5：00	15km	01：12：16	4：49
周四	12km	01：00：01	5：00	1000m*15+200m		3：25 0：33
周五	12km	01：00：00	5：00	15km	01：11：34	4：46
周六	30km	01：55：57	3：52	10km	00：54：24	5：26
周日	20km	01：36：18	4：48	休息		

注：总量231km、专项耐力66km、有氧量165km

表7 黄鑫赛前训练第三阶段的训练内容（第七周）

	上午训练			下午训练		
	训练量	成绩	配速	训练量	成绩	配速
周一	12km	00：59：50	4：59	12km	01：00：00	5：00
周二	15km	01：00：02	4：00	12km	00：58：10	4：51
周三	12km	01：00：00	5：00	12km	00：58：28	4：52
周四	15km	01：19：00	5：16	9km	00：45：21	5：02
周五	12km	01：02：00	5：10	12km	00：52：18	4：22
周六	15km+（200快+200慢）*5	00：59：00	3：55 0：35	10km	00：52：18	5：13
周日	20km	01：44：00	5：12	休息		

注：总量169km、专项耐力16km、一般耐力153km

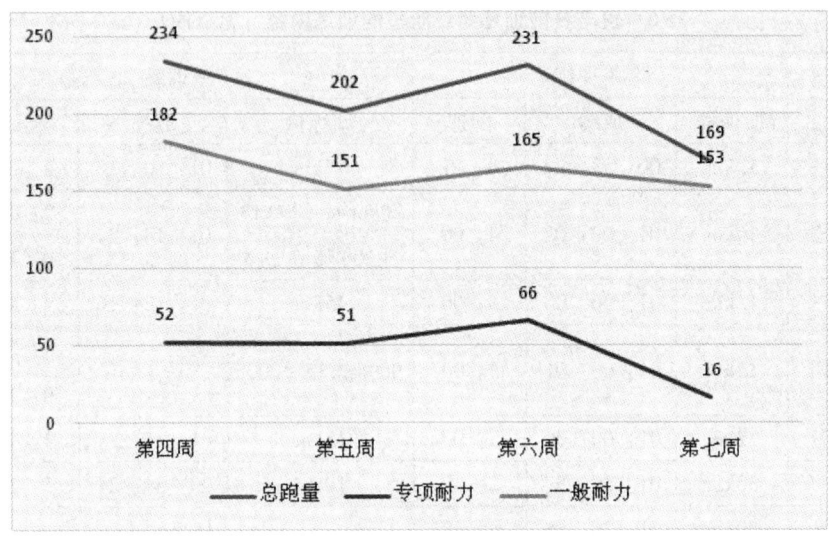

图 1　强化阶段负荷量变化

总体来看，强化训练阶段是本次赛前训练的核心阶段，也是黄鑫能否在比赛中取得优异成绩的关键。该阶段采用的训练方法以持续训练法为主，间歇训练法和比赛训练法为辅，在为期四周的 50 次训练课中，持续训练法共计 41 次，这主要与马拉松运动的项目特征有着直接的关系，因为马拉松项目是典型的耐力型运动项目，有氧供能是马拉松运动供能的主要方式，不论是在训练的什么阶段，发展运动员的有氧耐力是都是最为重要的环节，从这一点可以看出教练员的训练计划安排是非常合理的，因为只有把握住项目的特性和规律才能真正有效地提高运动员的成绩。在专项耐力方面，该阶段主要采用间歇训练法和比赛训练法，整体强度较大，配速均在 3：40 以上，对黄鑫肌体的刺激较大。此外，为了提高黄鑫的最后冲刺能力，教练在训练中采用了持续训练法 + 间歇训练法的混合训练方法，具体的练习手段为 15km + 200m ∗ 5、20km + （200m 快 + 200m 慢）∗ 5、15km + （200m 快 + 200m 慢）∗ 5 等。

（四）赛前调整训练阶段

2020 年 11 月 16 日至 11 月 28 日为赛前调整阶段（表 8 和表 9），随着比赛的接近，该阶段的主要任务是以调整赛前心理和身体机能状态为主，负荷量越来越小,以达到超量恢复的目的。赛前训练第八周训练总跑量仅仅为82公里,为九周赛前训练的最低值,教练员大幅度地降低训练跑量主要有两个方面的原因,一是经过强化期的训练,黄鑫身体比较疲惫,而且尿十项指标也显示异常,教练员依据黄鑫的生理生化指标选择性地降低训练量和强度;二是黄鑫于11月17至11月20日赴辽宁省田径队进行全国锦标赛基础体能测试,正好借助测试来调整黄鑫的训练状态。本周虽然整体训练量有较大幅度的下调,但专项耐力训练较上一周有了一定的提升,本周专项耐力训练课共两次,共计40公里,配速均在3:40左右。赛前

表8 黄鑫赛前训练第四阶段的训练内容(第八周)

	上午训练			下午训练		
	训练量	成绩	配速	训练量	成绩	配速
周一	12km	00:54:24	4:32	15km	00:55:23	3:41
周二~周五	去辽宁省参加体能测试			10km	00:52:48	5:16
周六	25km	01:32:30	3:42	休息		
周日	20km	01:45:00	5:15	休息		

注:总跑量82km;专项耐力40km;一般耐力42km

表9 黄鑫赛前训练第四阶段的训练内容(第九周)

	上午训练			下午训练		
	训练量	成绩	配速	训练量	成绩	配速
周一	12km	01:00:00	5:00	12km	00:58:05	4:50
周二	10km	00:51:45	5:10	12km	00:44:32	3:42
周三	10km	00:53:00	5:18	12km	00:58:45	4:53
周四	(400快+200慢)*25		1;20	10km	00:50:19	5:01
周五	休息			10km	00:48:33	4:51
周六	10km	00:46:27	4:38	休息		
周日	参加南京马拉松					

注:总量108km、专项耐力22km、一般耐力86km

训练第九周是本次备战南京马拉松的最后一周，整体训练跑量较小，仅为108公里，一般耐力训练和专项耐力训练跑量均明显下降，分别为22公里和86公里。黄鑫于赛前两天到达南京，共进行了两堂训练课，均为10公里跑，配速整体较低，主要以适应赛道为主。通过两周的赛前调整，黄鑫的机能和心理均处在最佳竞技状态，为比赛做好了准备。

2020年11月29日，黄鑫在南京马拉松比赛中以02：35：04的成绩取得第五名，突破了个人最好成绩，并达到了国家健将，说明教练针对黄鑫赛前九周的训练是非常成功的。

（五）赛前训练负荷总量分析

合理调控运动负荷量及强度是赛前科学训练的关键，教练员以训练目标为依据，在赛前科学制定训练计划，并依据运动员在训练中表现出来的机能状态进行及时调控，使负荷强度和负荷量更好地适应运动员的状态，避免负荷过大带来的机体损伤，或负荷过小不能起到对机体应有的刺激，如何做到负荷调控的恰到好处，是教练员执教艺术所在。

本次备战南京马拉松赛前训练共包括九周，总跑量达1474.9公里，平均周跑量为164.9公里，周最大跑量为第四周234公里，周最小跑量为第八周82公里（见表10）。总体来看，九周的赛前训练呈现出了中—大—小的训练负荷量规律，黄鑫前三周训练负荷量处于中等水平，可以说是处于准备期与竞赛期的过度阶段，第四周至第六周处于强化阶段，整体负荷为最大，周跑量均在200公里以上，第七周虽为强化期，但由于黄鑫的生理生化指标出现异常，因此被迫减小了负荷量，但周跑量仍然达到169公里，与前三周基本持平。第八周、第九周为赛前调整阶段，该阶段跑量明显下降，尤其是第八周跑量下降幅度更大，其原因有两个方面：一是要为比赛调整好机能和心理状态，二是由于黄鑫要去异地参加全国体能测试，影响了正常的训练节奏。整体来看，赛前九周"大—中—小"的训练负荷安排呈现出单峰训练模式，同时赛前两周明显地减小训练量符合运动训练学提到的"赛前减量"负荷设计模式，本次赛前训练通过最后两周的减低训练量，实现了机能状态的超量恢复，促进运动员提高竞技状态。具体的赛前减量主要通过有针对性的减量、赴异地测试体能、赴比赛地点旅行及赛前适应赛道等方式来实现。

表 10 黄鑫赛前训练量汇总表

阶段划分	总量	专项耐力	一般耐力
过渡训练阶段（第一周）	137.9	12.9	125
过渡训练阶段（第二周）	169	46	123
恢复训练阶段（第三周）	142	29	113
强化训练阶段（第四周）	234	52	182
强化训练阶段（第五周）	202	51	151
强化训练阶段（第六周）	231	66	165
强化训练阶段（第七周）	169	16	153
赛前调整阶段（第八周）	82	40	42
赛前调整阶段（第九周）	108	22	86
总量	1474.9	334.9	1140
占总量比（%）		22.71%	77.29%

在训练方法方面，赛前九周训练主要采用了持续训练法、间歇训练法、比赛法来发展黄鑫的竞技能力（表11）。其中，持续训练法采用次数最多，在103次训练课中，共采用了92次持续训练法，该方法主要的特点是负荷强度较低，负荷时间较长，无间断地连续进行练习的训练方法。该方法是马拉松运动项目训练的主要方法，主要发展运动员的一般耐力，通过长时间的训练使黄鑫的机体运动机能在较长时间的负荷刺激下产生稳定的适应，内脏器官产生适应性的变化，提高有氧代谢系统供能能力。九周的赛前训练中，每次训练课持续训练法的时长均在40分钟以上，距离至少为10公里。意大利田径教练雷纳特·卡诺瓦研究认为，任何低于80%的比赛速度对于训练来说都是无意义的。除了恢复性练习外，参加南京马

拉松赛前,黄鑫的马拉松平均配速一般在3:50左右,因此黄鑫的一般耐力训练配速应该保持在4:50左右,从赛前九周的训练来看,黄鑫基本处于这一范围。

表11 赛前9周训练方法统计

周次	课次	持续训练法	间歇训练法	比赛法
第一周	12	12	1	0
第二周	13	12	2	0
第三周	12	10	1	1
第四周	12	10	1	1
第五周	12	10	2	1
第六周	13	11	2	0
第七周	13	13	1	0
第八周	5	5	0	0
第九周	11	9	1	0
总计	103	92	11	3

注:部分训练课次采用了两种训练方法

在103堂训练课中,间歇训练法仅使用了11次,该方法对练习过程中的次间、组间间歇时间做出严格的规定,以使机体处于不完全恢复的状态。该训练法优点在于练习期间及中间间歇期间均能使心率持在最佳范围之内,改善心泵功能。通过较高负荷心率的刺激,可使机体耐酸能力得到提高,以确保运动员在保持较高运动强度的情况下具有持续运动的能力。在11次间歇训练法中,主要采用了(2000m快+400m慢)*5、(4000m快+400m慢)*3、(2000m快+400m慢)*8等练习手段,400米慢跑也要求在3分钟以内跑完。此外,比赛训练法使用次数较少,仅为3次,黄鑫在备战期间仅仅参加了一次比赛,而且是半程马拉松,其余两次均是公路跑来模拟实战。

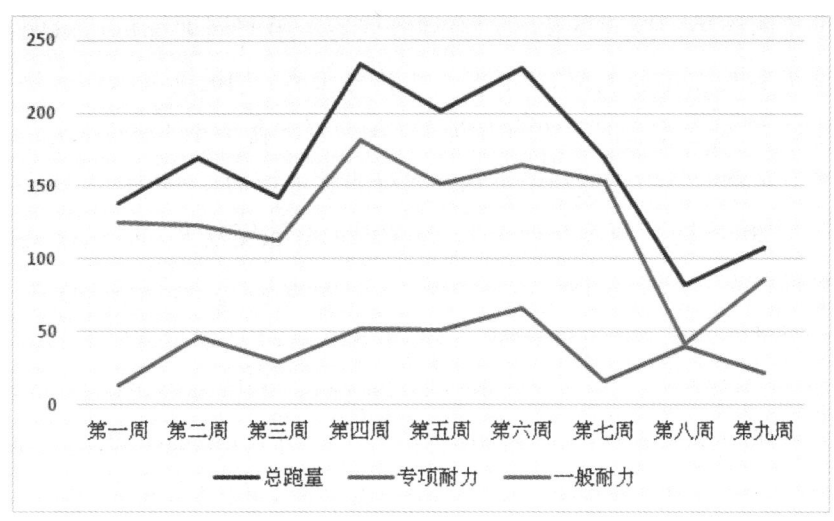

图 2　赛前训练负荷量变化曲线图

二、强化训练阶段负荷调控案例分析

因 11 月 7 号至 11 月 13 号期间，黄鑫尿十项重点指标异常（见表 10），本研究将该阶段尿十项重要指标、即刻乳酸、即刻心率和一分钟后心率恢复情况结合该阶段训练内容进行重点分析。11 月 7 号早晨，训练内容为 30 公里跑，用时 01：55：57，平均配速为 3：52，整体强度较大。黄鑫在前 10 公里用时 00：39：39，配速保持在 3：57 左右，后 20km 用时 01：16：18，平均配速为 3：48 左右，后 20 公里明显快于前 10 公里的配速，训练结束后即刻乳酸达到 23.8mmol/L，为本次赛前训练阶段的最高值。即刻脉搏 174 次/分钟，一分钟后恢复至 150 次每分钟，恢幅度较小，黄鑫自我感觉较为疲惫。训练后进行了尿液测试，结果显示尿酮体指标为 150mg/dl3 +，BLD 尿潜血为 10Ery 1 +，且第二天晨尿指标恢复不明显，这说明本次训练强度对黄鑫的机体刺激较大，身体疲劳程度较明显。11 月 8 号至 11 月 13 号期间连续对黄鑫的尿液进行了检测，KET 尿酮体、PRO 尿蛋白、BLD 尿潜血、LEU 白细胞等多项指标均出现了不同程度的阳性，这说明指标的异常不单单是 11 月 7 日高强度训练的结果，而是进入强化期后连续两周高强度训练疲劳积累的结果。根据黄鑫的本体感受以及生理生化的检测结果，教练员及时调整训练内容，第七周训练负荷量明显减少，逐步来恢复黄鑫身体机能状态。尤其是在第七周的前五天均安排了负荷较小的12公里左右的一般耐力训练，配速要求在5分钟左右。通过6天的调整，黄鑫的各项指标趋于正常，教练非常谨慎地在11月14日安排了15km+（200m快+200m慢）*5，本堂课训练强度较大，15公里跑的配速平均保持在3：55左右，即刻乳酸15.8mmol/L，即刻脉搏168次每分钟，一分钟恢复至138次每分钟，待心率恢复至110次/分钟以下后，采用间歇训练法完成了5个（200m快+200m慢），平均每个保持在35秒左右。次日尿液检测显示KET尿酮体为阳性，达到了150mg/dl 3+，其他指标均显示正常，说明黄鑫机能状态虽有一点改善，但仍需继续调整，避免再次出现过度疲劳。此后17日、18日、19日、20日连续四天黄鑫赴辽宁省参加体能测试，黄鑫身体机能恢复较好。赛前训练最后8天教练员进一步科学规划了训练的负荷安排，期间仅仅安排了两次高强度的训练课，虽然赛前四天黄鑫的KET尿酮体仍为阳性，但黄鑫的自我感觉良好，为南京马拉松取得较好的成绩奠定了基础。

表10 黄鑫赛前一个月重点课生理生化指标测试

测量时间	KET	PRO	BLD	LEU	即刻乳酸（mmol/L）	即刻脉搏（次/分钟）	一分钟后脉搏（次/分钟）
10.27下午	neg	neg	neg	neg	8.4	168	138
10.28早晨	neg	neg	1+	1+			
11.3下午	neg	neg	neg	neg	8.0	174	138
11.4早晨	2+	neg	1+	neg			
11.5下午	neg	neg	neg	neg	5.9	180	132
11.6早晨	neg	neg	neg	neg			
11.7早晨	3+	neg	1+	neg	23.8	174	150
11.8早晨	2+	neg	neg	neg			
11.10下午	1+	2+	1+	1+			
11.11早晨	1+	3+	1+	2+			

续表 10

测量时间	KET	PRO	BLD	LEU	即刻乳酸（mmol/L）	即刻脉搏（次/分钟）	一分钟后脉搏（次/分钟）
11.12 下午	neg	3＋	1＋	2＋			
11.13 早晨	neg	2＋	1＋	2＋			
11.14 早晨	neg	neg	neg	neg	15.8	168	138
11.15 早晨	3＋	neg	neg	neg			
11.16 下午	3＋	neg	neg	neg	3.4	168	132
11.17 早晨	2＋	neg	neg	neg			
11.21 早晨	neg	neg	neg	neg	3.6	150	132
11.22 早晨	neg	neg	neg	neg			
11.24 下午	neg	neg	neg	neg	12.4	174	138
11.25 早晨	2＋	neg	neg	neg			
11.26 早晨	2＋	neg	neg	neg	3.3	162	132
11.27 早晨	2＋	neg	neg	neg			

注：KET 尿酮体：15mg/dl 1＋、50mg/dl 2＋、150mg/dl 3＋；PRO 尿蛋白：100mg/dl 2＋、＞500mg/dl 3＋；BLD 尿潜血：10Ery 1＋；LEU 白细胞：25Leu/ul 1＋、75Leu/ul 2＋

三、黄鑫南京马拉松全程配速分析

表 11　2020 年南京马拉松黄鑫与女子前三名分段

	黄鑫	李丹	金铭铭	白丽	分段差时（s）
5km	0：18：13	0：17：58	0：17：56	0：17：57	-15；-17；-16
10km	0：18：08	0：17：22	0：17：23	0：17：57	-46；-45；-11
15km	0：18：34	0：17：43	0：17：42	0：17：57	-51；-52；-37
20km	0：18：16	0：17：39	0：17：39	0：17：36	-37；-37；-40
25km	0：18：20	0：17：34	0：17：34	0：17：28	-46；-46；-52
30km	0：18：20	0：17：33	0：17：33	0：17：27	-47；-47；-53
35km	0：18：16	0：17：19	0：17：19	0：17：34	-57；-57；-42
40km	0：18：45	0：16：42	0：16：42	0：17：29	-117 -117；-76
成绩	2：35：04	2：26：57	2：27：07	2：29：10	

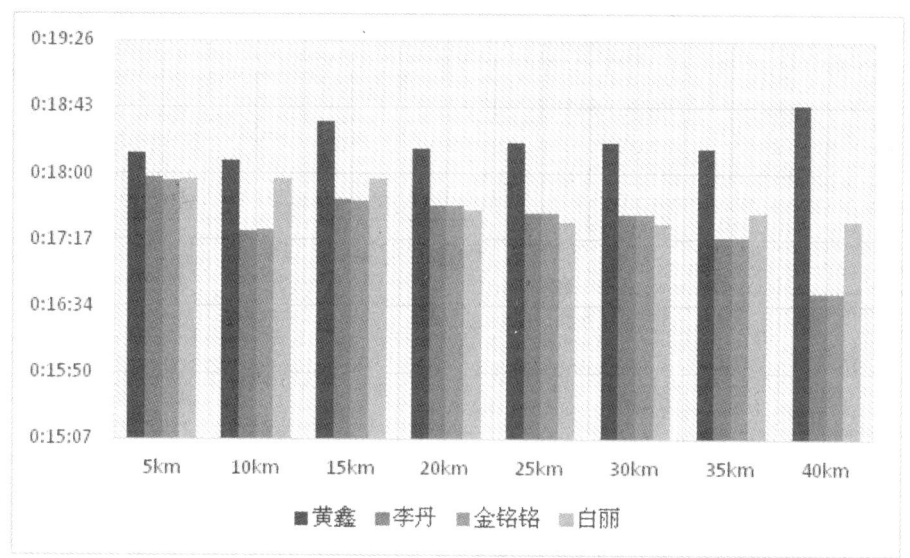

图3　2020年南京马拉松运动员黄鑫与女子前三名分段时间

黄鑫在本次南京马拉松比赛中获得了第四名,并创造了个人最好成绩,最终成绩为2∶35∶04,达到了国家健将的等级。从全程的分段速度来看,黄鑫全程配速较为平稳,每公里平均配速为3∶40.4,很好地执行了教练员赛前制定的战术要求。但也通过比赛检验了自身存在的不足,主要体现在35公里后黄鑫的速度保持能力和冲刺能力较差,速度下降比较严重,而前三名的运动员能够在最后的7公里中仍然保持较高速度,甚至高于全程配速的能力进行冲刺。这也说明黄鑫的体能储备能力和冲刺能力还有待提高。但整体来看本次比赛成绩达到预期目标,赛前训练负荷安排较为合理。

马拉松运动研究与发展篇

我国马拉松运动研究现状与未来趋势

近十年来，随着我国马拉松运动的快速发展，马拉松运动不仅成了媒体广泛关注的焦点，同时也成为学界研究的热点，不论是相关论文的发表数量还是各级各类课题的立项数量都达到了一定的高度，研究方向涉及马拉松运动与城市的发展、马拉松赛事组织管理、马拉松运动训练负荷与调控、大众跑步健身、城市马拉松对体育产业发展的促进等多个领域，相关研究取得了较多的成果，对我国马拉松运动的健康有序发展起到了积极的促进作用。为了更好地回顾过去，展望未来，本文以近10年来我国马拉松运动的研究成果为出发点，以文献计量学引文分析和共现分析原理为基础，从中国知网收集关于马拉松运动的文献数据，通过 Citespace V 工具分别构建我国马拉松研究热点知识图谱，并结合文献资料法和内容分析法，探寻我国马拉松研究领域的热点、内容和方法，探明我国城市马拉松运动未来的研究方向。

一、近十年马拉松运动相关研究现状

文献发文数量的增长能够在一定程度上反映社会对该事物的关注程度。从中国知网检索可知，近10年来关于马拉松运动的研究整体上呈现增长趋势，2011—2021年十年间我国学者发表论文数量达1609篇（见图1），整体上呈现明显的增长趋势，这与我国马拉松赛事数量的增长趋势是相吻合的，因此有必要结合我国马拉松赛事的发展过程来分析相关研究的背景，这样有助于更好地了解马拉松运动研究的发展趋势。近10年我国马拉松运动的发展整体上可以分为三个阶段，每个阶段对马拉松运动的研究呈现出了不同的发展特征。

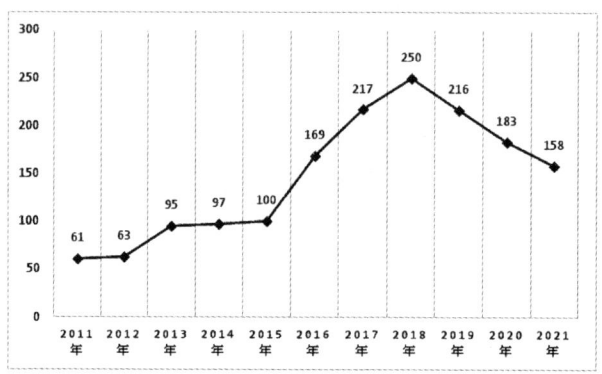

图1　2011—2021年我国关于马拉松运动相关研究的发文数量

（一）第一阶段：2011年至2014年

2011年至2014年我国马拉松赛事数量呈现一定的增长趋势，但增长幅度不大（见图2），2014年较2011年增加了29场赛事，同期学术界对马拉松运动的研究也呈现出一定的上涨趋势，发文量由2011年的61篇增长至2014年的97篇，4年期间共发表相关论文316篇，其中，核心期刊论文共47篇。通过统计这一阶段的关键词词频和中心性，表征该研究领域的主题分布，可以呈现各类研究的网络关系，探明对于马拉松研究的成熟度和知识关联。根据采集的2011年至2014年期间发表的316篇中文文献，绘制主题关键词共现矩阵，经筛选和剪接，生成包含91个节点和108条连接线的关键词图谱（见图3）。该阶段研究整体呈发散路径，形成2条主要研究分支，一条分支是以马拉松运动训练与竞赛为主题进行研究。这类论文在这一时期发文量较多，且高质量的论文也比较多，体现了这一时期我国学者更加专注于马拉松运动训练与竞赛方面的研究，特别是在《2011-2020年奥运争光计划纲要》颁布的背景下，学术界依然更加关注通过科研来辅助竞技体育成绩发展。该研究分支具有代表性的论文大致可以分为两类，第一类是关于马拉松高原训练研究，具有代表性的论文为《中国国家女子马拉松队备战柏林世界田径锦标赛生理生化指标的变化特征》《我国女子马拉松备战柏林世锦赛高原训练的模式》《高原低氧运动对我国优秀马拉松运动员李柱宏等人机体血象指标的影响》等，相关研究的主要观点为：赛前高原训练阶段大负荷强度的训练必须建立在雄厚的有氧代谢能力基础上，否则运动员很难完成持续性的高强度的训练负荷；亚高原训练能明显改善运动员的有氧能力和肌肉爆发力。第二类是关于马拉松训练规律与比赛策略的探讨，具有代表性的论文有《中国女子马拉松项目特点及训练规律研究》《不同水平女子马拉松运动员的节奏策略研究》等，相关研究的主要观点为：选择适宜的初始速度，能有效避免后半程速度的过度下降；训练中需要重视阶段训练负荷的节奏掌控，训练方法手段要组合搭配，在训练恢复中要重视科学的、个性化的恢复手段的选择。另一条分支是从马拉松赛事管理的学角出发进行的研究。这一时期虽然我国城市马拉松发展仍处于起步阶段，但一些赛事已经在国内外具有一定的影响力，特别是像北京马拉松、上海马拉松、厦门马拉松、扬州半程马拉松等赛事逐步受到了社会的关注，而且赛事举办过程中暴露出的一些问题也引起了媒体的关注，因此关于马拉松赛事管理方面的研究也陆续增多。

其中具有代表性的文章有《北京马拉松赛事运作的 SWOT 分析》《厦门国际马拉松赛发展研究》《扬州国际半程马拉松赛事医疗应急管理》《我国部分国际马拉松竞赛管理过程研究综述》《我国马拉松赛事研究》等。

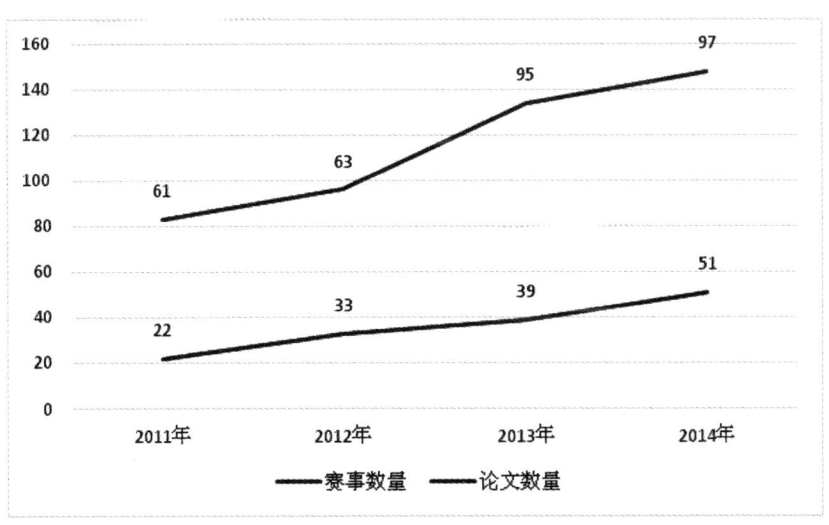

图 2 2011 年至 2014 年我国马拉松赛事数量及发表论文数量

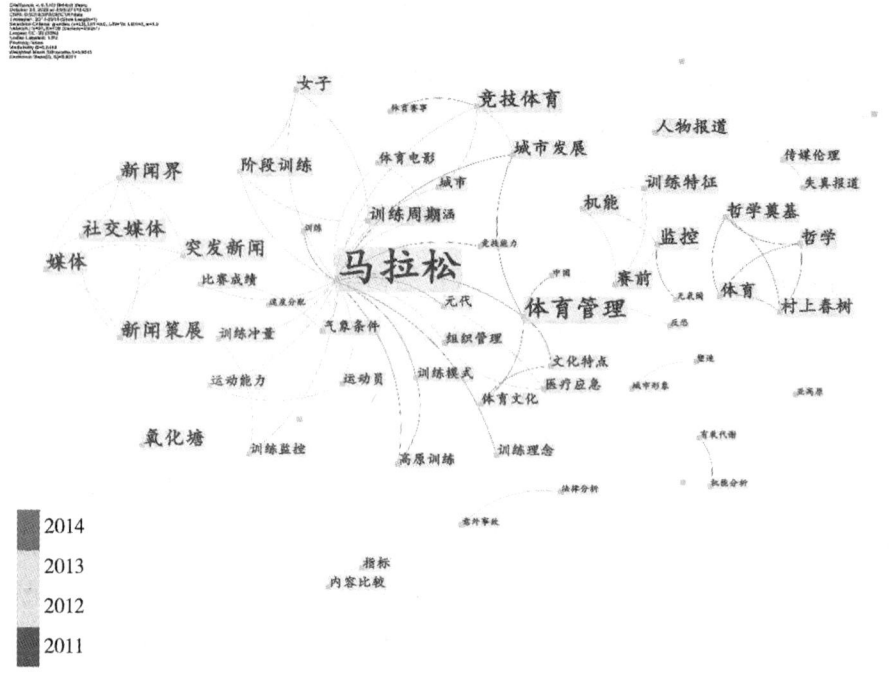

图 3　2011－2014 年关键词共现图谱

(二) 第二阶段：2015 年至 2019 年

这一阶段为我国马拉松运动高速发展阶段，尤其是 2019 年我国的马拉松赛事达到了 1829 场，媒体常用"井喷"来形容我国城市马拉松运动的发展。5 年期间相关研究也呈现出明显的增长趋势，论文的发表数量达到了 1049 篇 (见图 4)，核心期刊论文也达到了 159 篇，可以看出这一时期不论是社会还是学界对马拉松运动的关注度都达到了一定的高度，对马拉松运动的研究也形成了新的研究热点。

根据采集的 2015 年至 2019 年期间发表的 1049 篇中文文献，绘制主题关键词共现矩阵，生成包含 162 个节点和 219 条连接线的关键词图谱 (见图 5)。该阶段研究整体呈发散路径，形成 4 条主要研究分支，分别为马拉松赛事管理与运营、马拉松运动损伤与救助、马拉松运动与城市发展、马拉松休闲与健身。

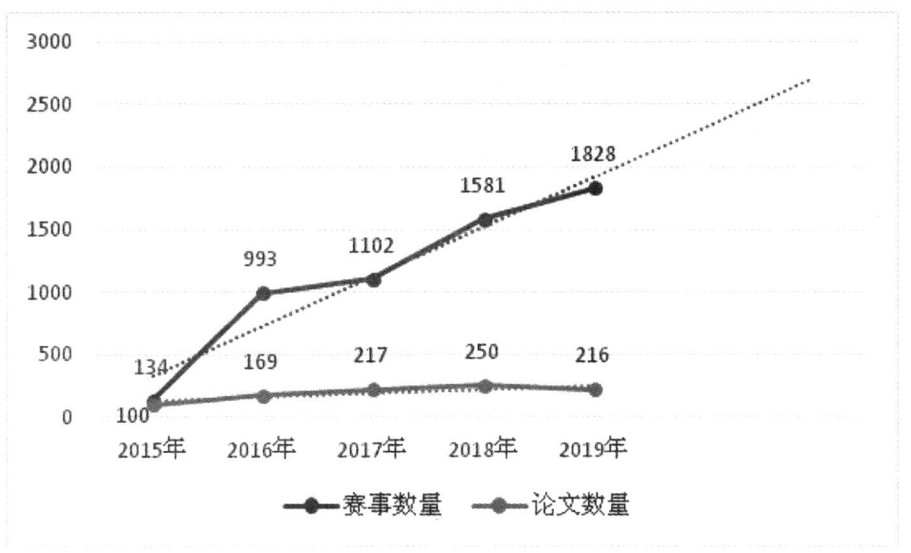

图4 2015－2019年我国马拉松赛事数量及发表论文数量

在马拉松赛事管理与运营方面，代表性的论文有《中国马拉松金牌赛事运营管理及对策》《基于事故树分析法的我国马拉松大众选手猝死风险研究》《体育赛事志愿者激励机制研究——以2016年重庆国际马拉松赛为例》《我国城市马拉松赛事定位研究》等。其中，石春健研究认为我国马拉松赛事定位雷同，赛事资源与参赛者资源发展不同步，赛事缺乏包容性，未兼顾地区存在的跑者类型差异，而且对本地区选手重视程度不够，未发挥体育的社区功能；学者赫立夫等研究认为我国马拉松赛事应转变直播视角，在关注精英运动员的同时，同时应关注大众选手的参赛，这样更能体现人文关怀，提高比赛观赏性。学者黄大林等从志愿者的角度出发进行了相关的研究，指出马拉松组织方应激发"社交需求"和"成长需求"，全方位保障"物质需求"，按兴趣划分岗位编制，运用"人性化"的激励手段，奖惩并举、实行绩效奖励，形成良好的信息沟通机制的建议。不同专家的研究为我国马拉松的赛事高效组织管理提出了发展思路。

在马拉松运动损伤与医疗救助方面，具有代表性的论文有《上海国际马拉松跑者膝关节损伤情况及其影响因素分析》《马拉松跑步前后人体跟腱形态结构的变化特征研究》《马拉松相关心脏骤停与气象因素的相关性分析》《上海国际马拉松赛事医疗安全保障工作的思考》等。这类研究主要是围绕"膝关节损伤"和"猝死"两个方面,因为在我国大众选手参赛人数快速增长的背景下,膝关节损伤成为很多业余跑者突出的问题,而猝死的频发成为赛事组织最棘手的问题。围绕这两类问题,学者们得出了不同的观点,其中,张晏境等研究认为单次半程马拉松之后,男性业余马拉松运动员的膝关节软骨成分改变是可逆的;学者胡浩宇研究认为,马拉松跑者膝关节损伤与力量训练和旧伤病有着较深的联系,建议马拉松跑者平时应注重膝关节周围肌群的训练,保护好以前受过伤的部位,防止二次损伤;学者任占兵等研究认为马拉松跑者在进行耐力训练的同时,通过力量训练强化下肢腓肠肌和比目鱼肌肌肉肌腱结构,进而避免跟腱急性效应对肌肉肌腱的伤害;学者许臻晔等研究认为,WBGT应作为马拉松相关心脏骤停的常规风险预警及监测内容,并成为赛事准入、运作中的重要评估方式,WBGT≥28℃时应考虑最高级别预警甚至停赛。

在马拉松运动文化与城市发展研究方面,《城市文化背景同质条件下京都马拉松赛事对西安马拉松赛事发展的启示》《基于场域理论的国际马拉松赛与城市形象传播策略研究》《"马拉松跑现象"对城市文化建构机理探究》《天津马拉松赛事发展策略探讨》等。马拉松比赛一般都以城市的公路为赛道,利用赛道来展示城市的风光、风景名胜、文物古迹、现代城市地标,马拉松比赛成为宣传城市的舞台与窗口,这也是宣传城市、推广城市的最佳途径,城市借此来带动旅游、住宿、餐饮等,马拉松+旅游也成为许多许多学者研究的热点。不同的学者通过研究提出了许多观点与可行的建议,其中,学者郭伟认为西安可充分借鉴京都马拉松的成功经验,从政策、经济、文化和增强群众意识等方面着手,谋划西安市马拉松赛事发展的策略,优化马拉松赛事路径,将其作为城市经济发展的助推剂,进一步提升西安的城市品位与国际影响力;学者严文刚研究认为我国马拉松赛事借鉴芝加哥经验,应加强城市与赛事融合,推进城市综合治理，挖掘本地特色文化与资源，打造特色赛事；学者李兆锋认为马拉松赛事举办地重点针对首次参赛者进行旅游推广，通过赛前赛后的赛事延伸活动、主题旅游节庆活动等方式增加参赛者的停留时间，以促进当地的旅游消费。

在马拉松休闲与健身研究方面，代表性的文章有《跑步健身中的身体管理与理性化——一项基于马拉松跑者的质性考察》《休闲、身体与自我——城市马拉松流行的社会生成逻辑》《业余马拉松选手参赛心理认知与调节》《马拉松跑者深度休闲限制变通策略的质性研究》等。2015—2019是我国马拉松运动的爆发期，马拉松运动持续快速发展的动力是大众的广泛参与，许多民众选择跑步作为健身休闲的重要途径，因此我国部分学者从健身休息的视角对马拉松进行研究。学者王健研究指出城市马拉松具有深度休闲的特征，参与主体为中产阶层，蕴含着身体社会学、现象学社会学以及消费社会学等多种意义，整个运动过程具有自我认同的功能；学者王洪兵研究发现马拉松参赛者的参赛开支与收入呈正相关，即收入越高、时间较为充沛的中年群体更热衷文化体育消费；学者刘转青提出马拉松火爆的真正原因是由于它使选手的主体性得以回归，为参与者提供了实现自我价值的良好平台，有效地满足了人们对于自由的渴望与追求。

（三）第三阶段：2020年至2021年

2020年至2021年很多赛事取消或延期，但学术界依然对马拉松运动保持着较高的热度，相关研究达到了504篇，核心期刊为75篇。通过采集2020年至2021年期间发表的论文，绘制主题关键词共现矩阵，生成包含72个节点和71条连接线的关键词图谱（见图6）。该阶段研究形成了2条主要研究分支，分别为马拉松赛事管理和马拉松运动损伤与急救两大类。

在马拉松赛事管理方面，代表性的论文有《政府治理视域下我国马拉松赛事发展的综合效益、潜在风险与治理路径》《审批权取消背景下我国马拉松赛事政府监管现状和优化策略》《我国马拉松赛事发展动力机制模型构建与实证研究》《马拉松赛事"四力"传播效应对赛事核心竞争力的影响研究》等。这一阶段虽然赛事处于停摆状态，但大多数学者都对我国马拉松赛事组织管理中存在的问题提出了各自的观点，为我国马拉松的进一步发展建言献策。李国强等研究认为我国马拉松赛事需要从协同发展、市场化运作、赛事创新、政策落实等视角进行不断的调整和完善，才能更好地促进我国马拉松赛事的健康与良性发展；学者刘露等研究认为，必须精准制定马拉松赛事监管专项法规，培育监管公平生态圈。

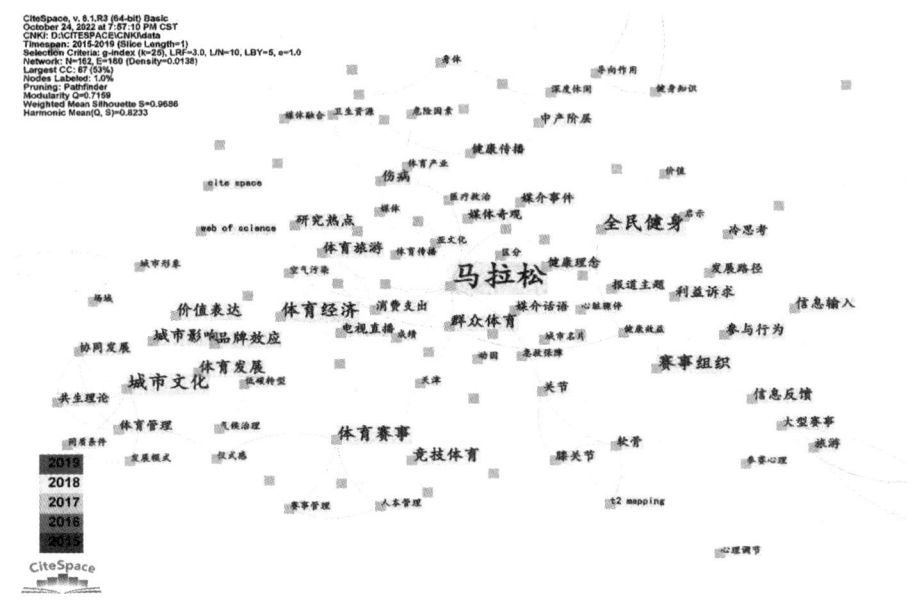

图5 2015—2019年关键词共现图谱

在马拉松运动损伤与急救方面，研究的主题依然是围绕参加马拉松运动后的关节损伤以及选手出现危险后的急救来展开的。代表性的文章有《基于熵值法改进层次分析法马拉松急救能力评价模型的构建》《2018年上海国际马拉松赛事中意外低体温救治体会》《业余马拉松跑者跑步损伤调查及影响因素分析》《心肌肌钙蛋白与马拉松等耐力运动后右心室心肌损伤的综述研究》等。杨一卓等人研究认为业余马拉松跑者膝部损伤率高，既往损伤史、以减肥为目的跑步会增加损伤风险，跑步训练计划科学合理可以降低风险。王世强研究认为预防赛场心血管意外，应该建立马拉松赛场心血管意外的预防体系，包括赛前心血管风险评估和筛查程序、增加并合理布置赛中救助力量。

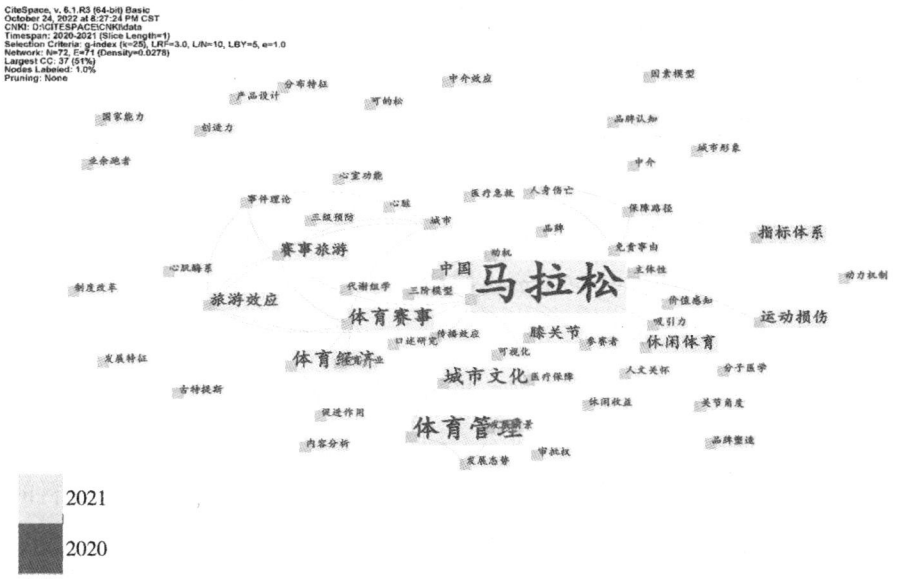

图 6　2020—2021 年关键词共现图谱

二、未来我国马拉松运动研究趋势展望

随着时代的发展，对马拉松运动的研究早已不再局限于从竞技体育的角度进行研究，早已延伸至社会学、管理学、医学、法学、经济等领域，通过多学科的融合才能更好、更全面地去研究马拉松运动。通过梳理近10年我国马拉松运动的研究成果，可以全面地了解我国马拉松运动的研究现状与存在的不足，从而为未来的研究提供参考与借鉴。通过研究与梳理发现，未来我国马拉松运动还有以下四个方面值得进行研究。

（一）马拉松赛事的监督与管理

2021年5月22日，甘肃省白银市举行的黄河石林山地马拉松百公里越野赛遭遇极端天气，21名运动员由于失温而遇难，成为近年来国内发生的最为惨重的公共安全事件，引起了社会各界的广泛关注，马拉松及相关运动赛事的安全问题再一次成为了社会热议的话题。之后在此事件的影响下国家体育总局出台了《体育总局关于进一步加强户外运动项目赛事活动监督管理的通知》《关于进一步加强近期路跑赛事及活动安全稳定工作的通知》《关于进一步加强体育赛事活动安全监管服务的意见》《关于进一步加强马拉松赛事监督管理的意见》《体育总局关于建立健全体育赛事活动"熔断"机制的通知》等意见与办法,为加强我国路跑运动持续、健康发展奠定了基础。下一步如何来落实分级监管是马拉松赛事管理部门的重点工作和重要任务,同时需要各方面专家、学者围绕赛事监督管理来开展相关的研究,保证我国马拉松赛事健康有序发展。

(二) 绿色环保办赛

马拉松赛事涉及大量的人力、物力、财力,尤其是大型马拉松赛事参赛规模普遍都在3万人左右,所需的物资物料是赛事组委会最大的一笔的开支,包括各类补给、装点、搭建、纸质手册等,而且这些物资物料的重复利用率非常低,造成了巨大的浪费,也给环境造成了污染。因此,举办节约型的绿色马拉松赛事必然是未来的发展趋势,学术界也应该有更多的关注。

(三) 赛道的设计与规划

马拉松赛事与其他赛事最大的不同是其赛道的独特性,马拉松利用城市的公路进行比赛,向参赛选手展现着城市的自然风光、名胜古迹、历史风貌,以达到宣传城市、营销城市的目的,这也是各级城市纷纷举办马拉松赛事的主要驱动。因此,在前期策划阶段如何将城市最美的一面展示给来自全国各地的选手,成为赛道设计的重要工作。而赛事组织者过度地关注赛道风景,忽略赛道设计中的安全管理因素、医疗救助因素、城市交通因素、竞赛组织因素等,必定不利于马拉松赛事的健康发展,因此开展相关的研究也是未来必然的研究趋势。

(四) 小型路跑赛事的开展

目前我国各大城市都比较看重大型马拉松赛事的举办,以达到城市营销的目的,而对小型路跑赛事的组织与举办不够关注,而小型马拉松赛事恰恰是培养路跑人口，提高广大民众参与全民健身的最有效途径，未来的路跑赛事应更加关注小型路跑赛事，包括社区跑、公园跑、校园跑等，这类赛事开展与研究是必将是未来的发展趋势。

主要参考文献

[1] 邢金明,刘波,欧阳井凤. 马拉松"热"背后的冷思考[J]. 体育学刊, 2017,24(02):52-56.

[2] 张登峰. 马拉松赛事对城市发展的影响[J]. 体育文化导刊,2011(11): 12-14+20.

[3] 中国田径协会,果动科技. 2019 中国马拉松蓝皮书.

[4] 张翩翩. 社会化媒体对消费者行为的影响[J]. 商,2013(09):136.

[5] 赫立夫,张大超. 中国马拉松金牌赛事运营管理及对策[J]. 北京体育大学学报,2019,42(03):88-100.

[6] 邓雪萍,李登峰. 关于加快广东体育产业发展的思考——福建体育产业发展的经验启示[J]. 广东经济,2012(02):47-50.

[7] 中国政府网. 2020年我国体育旅游总消费规模将突破1万亿元[EB/OL]. http://http://www.gov.cn/shuju/2016-12/23/content_5152108

[8] 人民网. 最具"特色"马拉松赛榜单发布 "新鲜味儿"谁家浓?[EB/OL]. http://http://sports.people.com.cn/n1/2018/0423/c418568-2

[9] 人民网. 办好马拉松特色不能少[EB/OL]. http://http://opinion.people.com.cn/n1/2017/1106/c1003-29

[10] IAAF. IAAF Road Running Manual [EB/OL]. http://iaaf-ebooks.s3.amazonaws.com/IAAF-RoadRunning-Manual/sources/index.htm.

[11] 肖年乐,周道平,李琼. 中国马拉松等级赛事空间分布特征及其驱动因素[J]. 山东体育学院学报,2021,37(05):10-19.

[12] 陈昆仑,郭宇琪,许红梅,等. 中国高水平马拉松赛事的空间分布特征及

影响因素[J].上海体育学院学报,2018,42(06):36-41.

[13] 李焕.论天津五大道风貌区的资源整合规划与品牌战略建设[J].环渤海经济瞭望,2007.(2):36.

[14] 李国民,过平江.杭州国际马拉松赛事SWOT分析[J].内江科技,2009.(3):20.

[15] 聂丹.北京马拉松赛事运作的SWOT分析[J].体育学刊,2014.(6):22.

[16] 董杰,刘新立.北京奥运会财务风险的风险源、风险因素与突发事件研究[J]体育与科学,2008.(5):7.

[17] 范道津,陈伟珂.风险管理理论与工具[M].天津:天津大学出版社,2013:3-8.

[18] 朱华桂,吴超.大型体育赛事风险评估研究[J].体育与科学,2013.5:23.

[19] 武雪莲.气象条件对马拉松成绩影响的研究[J].中国体育科技,2012.5:17.

[20] IAAF. IAAF Road Running Manual [EB/OL]. http://iaaf-ebooks.s3.amazonaws.com/IAAF-RoadRunning-Manual/sources/index.htm.

[21] 徐昕,高崇玄.我国运动猝死调查研究[J].中国运动医学杂志,1999,2:99.

[22] 卢文云,熊晓正.大型体育赛事的风险及风险管理[J].成都体育学院学报,2005.5:20.

[23] 王子朴,汪洋,吕立锋.论企业风险管理模式在体育赛事风险管理中的运用[J].西安体育学院学报,2007(1):23.

[24] 霍德利.体育赛事风险的识别与评估[J].沈阳体育学院学报,2012(6):60.

[25] Brown B. Dephi Process: A Methodology Used for the Elicitation of Opin-

ions of Expels[M]. The Rand Corporation,1969:32-53.

[26]霍德利. 体育赛事风险评估指标体系的构建[J]. 决策与参考,2011,23(4):64.

[27]张大超,苏妍欣,李敏. 我国城乡公共体育资源配置公平性评估指标体系研究[J]. 体育科学,2014,34(6):18-34.

[28]朱华桂,吴超. 大型体育赛事风险评估研究[J]. 体育与科学,2013(5):23-26.

[29]曹可强,刘清早. 体育赛事运作[M]. 北京:高等教育出版社,2015:131.

[30]李海,姚芹. 体育赛事管理[M]. 重庆:重庆大学出版社,2018:111.

[31]纪宁,巫宁. 体育赛事的经营与管理[M]. 电子工业出版社,2004:59.

[32]田学礼,赵修涵. 体育特色小镇发展水平评价指标体系研究[J]. 成都体育学院学报,2018,44(3):45-52.

[33]徐卫华,谢军. 厦门国际马拉松赛风险管理研究[J]. 北京体育大学学报,2010.33(2):38-41.

[34]姚杰,任玉清. 基于事故树分析的海上交通事故的研究[J]. 大连海洋大学学报,2010(4):348-352.

[35]揭业香. 事故树分析法在客滚码头安全管理中的运用[J]. 安全与健康,2015(3):43-45.

[36]王迪迪. 浅谈事故树分析在学校体育安全风险管理中的应用[J]. 运动,2011(3):1-3.

[37]徐昕,高崇玄. 我国运动碎死调查研究[J]. 中国运动医学杂志,1999(2):99-102.

[38]卜全民,王涌涛,汪德爩. 事故树分析法的应用研究[J]. 中国安全科学学报,2007(4):141-144.

[39]杨艳丽,任伟,李新,等. 校园踩踏事件事故树分析[J]. 安全与环境工程,2012(3):125-131.

[40] Kohl HW 3rd, Powell KE, Gordon NF, et al. Physical activity, physical fitness, and sudden cardiac death. Epidemiol Rev 1992,14:37-58.

[41] 菲利普·伯姆,于尔根·沙尔哈格,蒂姆·梅耶,等. 运动猝死研究:基于德国全国数据[J]. 体育与科学,2016(3):48-52.

[42] 崔维贤. 基于事故树分析法的城市轨道交通列车车门夹人拖行事故分析[J]. 城市轨道交通研究,2013(9):92-96.

[43] 任天平. 我国大型体育赛事风险识别指标体系初探[J]. 西安体育学院学报,2015,32(4):441-447.

[44] 范道津,陈伟珂. 风险管理理论[M]. 天津:天津大学出版社,2010:37.

[45] 朱华桂,吴超. 大型体育赛事风险评估研究[J]. 体育与科学,2013.5:22-30.

[46] 丁辉. 大型群众性活动安全风险管理[M]. 北京:化学工业出版社,2012:49.

[47] 佟瑞鹏. 大型活动事故风险管理[M]. 北京:中国劳动社会保障出版社,2013:63.

[48] 石磊,王锋. 基于事故树分析法的我国马拉松大众选手猝死风险研究[J]. 南京师大学报,2018,41(4):140—146.

[49] 刘清早. 体育赛事运作管理实务[M]. 北京:人民体育出版社,2011:361.

[50] 朱伟,高振峰. 大型体育赛事安全检查工作存在的问题及对策研究[J]. 公安教育,2013,10(7):31—34.

[51] 张胜前. 大型活动安全管理[M]. 湖北:湖北人民出版社,2015:120.

[52] 王苗,石岩. 小学生体育活动风险识别、评估与应对[J]. 天津体育学院学报,2011,26(1):68—73.

[53] 卢文云,熊晓正. 大型体育赛事的风险及风险管理[J]. 成都体育学院学报,2005(5):20.

[54] 王乐,时海霞. 长跑之殇思考[J]. 体育文化导刊,2013(5):93.

[55] 石磊,王锋等. 城市营销背景下我国马拉松赛事的发展态势研究[J]. 山东体育科技,2016(3):2.

[56] 黄艳红. 为什么不是"我要跑"[J]. 体育文化导刊,2015(4):171.

[57] 聂丹. 北京马拉松赛事运作的 SWOT 分析[J]. 体育学刊,2014(6):22.

[58] 张登峰. 马拉松赛事对城市发展的影响[J]. 体育文化导刊,2011(11):12-20.

[59] 黄海燕,张林,李南筑. 上海大型单项体育赛事运营中政府作用之研究[J]. 体育科学,2007(2):18.

[60] 石磊,王锋,郭鑫,等. 城市营销背景下我国马拉松赛事的发展态势研究[J]. 山东体育科技,2016(3):1-5.

[61] 杨明,田野,赵杰修. 中国国家女子马拉松队备战柏林世界田径锦标赛生理生化指标的变化特征[J]. 中国体育科技,2011,47(02):21-25.

[62] 黄耀辉. 我国女子马拉松备战伦敦奥运会策略研究[J]. 体育科学研究,2010,14(02):74-77.

[63] 伏中杰. 2010-2013年我国优秀女子马拉松运动员贾超凤的多年训练研究[D]. 西北师范大学,2015.

[64] 赵华. 甘肃省体工队女子中长跑运动员身体形态、机能和心理能力的诊断与评价[D]. 西北师范大学,2008.

[65] 卢彦. 平原、高原训练优秀女子马拉松运动员生化指标的对比分析[D]. 吉林体育学院,2012.

[66] 任龙云. 优秀马拉松运动员高原训练跟踪监控实验研究[D]. 武汉理工大学,2012.

[67] 郑秋梅. 甘肃省优秀女子马拉松运动员体能训练特征研究[D]. 西北师范大学,2015.

[68] 徐军亮. 吉林省女子马拉松运动员专项体能特征研究[D]. 吉林体育

学院,2014.

[69] 尹军. 世界优秀中长跑运动员训练负荷控制特征的研究[[J]. 首都体育学院学报,2005,1(17):70-72.

[70] 田野,王清,冯连世,等. 优秀运动员运动训练科学监控与竞技状态调整[J]. 体育科学,2008(9):3-11.

[71] 郑建华. 场地竞走和长距离跑几种记圈方法的比较研究[J]. 西安体育学院学报,1999,16(2):84.

[72] 刘景龙,类建模,翟保禄. 关于终点磁性记圈牌的设计运用和改革记圈方法的实践与研究[J]. 西安体育学院学报,1995,12(4):71.

[73] 杨明,田野,赵杰修. 中国国家女子马拉松队备战柏林世界田径锦标赛生理生化指标的变化特征[J]. 中国体育科技,2011,47(02):21-25.

[74] 杨明,王江,董维鹏. 我国女子马拉松备战柏林世锦赛高原训练的模式[J]. 武汉体育学院学报,2011,45(08):59-64.

[75] 狄玉峰,彭丽娜,李东良. 高原低氧运动对我国优秀马拉松运动员李柱宏等人机体血象指标的影响[J]. 首都体育学院学报,2011,23(05):478-480.

[76] 焦芳钱,刘大庆,王林. 中国女子马拉松项目特点及训练规律研究[J]. 北京体育大学学报,2014,37(02):131-137.

[77] 杨锋,朱瑜,高岩. 不同水平女子马拉松运动员的节奏策略研究[J]. 中国体育科技,2014,50(01):10-16+87.

[78] 孙建宏,王林,吴晓华,等. 扬州国际半程马拉松赛事医疗应急管理[J]. 中国运动医学杂志,2013,32(11):1018-1020.

[79] 赫立夫,张大超. 中国马拉松金牌赛事运营管理及对策[J]. 北京体育大学学报,2019,42(03):88-100.

[80] 黄大林,黄晓灵. 体育赛事志愿者激励机制研究——以2016年重庆国际马拉松赛为例[J]. 西南师范大学学报(自然科学版),2018,43

(02):96-102.

[81]石春健,魏香明,郑振国. 我国城市马拉松赛事定位研究[J]. 北京体育大学学报,2016,39(10):18-25..

[82]胡浩宇,郑依莉,王雪强,等.上海国际马拉松跑者膝关节损伤情况及其影响因素分析[J].中国康复医学杂志,2019,34(03):297-302.

[83]周丹丹,顾星,杨宏仁,等.上海国际马拉松赛事医疗安全保障工作的思考[J].中华危重病急救医学,2016,28(10):937-939.

[84]郭伟,秦子婷,曾根纯也. 城市文化背景同质条件下京都马拉松赛事对西安马拉松赛事发展的启示[J].成都体育学院学报,2019,45(05):73-79.

[85]王健. 休闲、身体与自我——城市马拉松流行的社会生成逻辑[J]. 沈阳体育学院学报,2019,38(03):39-44.